Konfuzius

rororo

rowohlts monographien
begründet von Kurt Kusenberg
herausgegeben von Wolfgang Müller
und Uwe Naumann

rororo

Konfuzius

Dargestellt von Volker Zotz

Rowohlt Taschenbuch Verlag

Umschlagvorderseite: Konfuzius nach dem Idealtypus des Wang Daozi. Ausgeführt von Simone Zotz in Sumi-Technik
Umschlagrückseite: Konfuzius-Votivtafel aus dem Tempel Yushima Seidō in Tokio
Opfer am Grab des Konfuzius. Volkstümlicher Druck nach einer Zeichnung des 13./14. Jahrhunderts

Seite 3: Konfuzius im Range des Höchsten Lehrers. 1734 entstandene Kopie einer älteren Darstellung aus dem Konfuziustempel in Qufu
Seite 7: Der Meister mit Schülern unterwegs. Buchillustration, 16. Jahrhundert (Ausschnitt)

Originalausgabe
Veröffentlicht im Rowohlt Taschenbuch Verlag GmbH,
Reinbek bei Hamburg, Juli 2000

Dieser Band ersetzt die 1960 erschienene
Konfuzius-Monographie von Pierre Do-Dinh
Umschlaggestaltung Ivar Bläsi
Redaktionsassistenz Karolin Marhencke
Reihentypografie Daniel Sauthoff
Herstellung Gabriele Boekholt
Satz PE Proforma *und* Foundry Sans *PostScript, QuarkXPress 4.1*
Gesamtherstellung Clausen & Bosse, Leck
Printed in Germany
ISBN 3 499 50555 X

Die Schreibweise entspricht den Regeln
der neuen Rechtschreibung.

INHALT

Zur Einführung

Der im Westen «Konfuzius»[1] genannte Kongzi (551–479 v. u. Z.) unterhielt eine Schule, die neben Bildung einen Weg zur Selbstkultivierung des Einzelnen lehrte. Die Absolventen sollten integere Führungspersönlichkeiten werden und den Fürsten zum Wohl des Staates als Berater, Politiker und Beamte dienen. Konfuzius stand selber für ein solches Amt zur Verfügung, hätte ihn ein in seinem Sinn legitimer Herrscher berufen. Doch blieb zu Lebzeiten der erwünschte Einfluss auf die Gesellschaft aus. Seit der Han-Zeit (206 v. u. Z. – 220 u. Z.) lieferte das Denken des Konfuzius schließlich für mehr als zwei Jahrtausende die Basis der Ideologie des chinesischen Staates und der Regeln des sozialen Verhaltens seiner Bürger. Vietnam, Korea und Japan nahmen die Tradition auf, die so wesentlich zur kulturellen und politischen Prägung Ostasiens beitrug.

Trotz der unterschiedlichen Weiterentwicklung seiner Lehren galt Konfuzius immer als die Verkörperung jener Werte, die sich im öffentlichen und privaten Leben als gut bewährten. Darum erhob ihn 1906 die vom Untergang bedrohte Qing-Dynastie de facto zur Gottheit, indem sie kultische Opfer an Konfuzius mit denen für das höchste Objekt der Verehrung, den Himmel, gleichsetzte. Das offizielle neue China bekämpfte ihn in den siebziger Jahren, weil er für all das stand, was es überwinden wollte. Verzweifeltes Beschwören und leidenschaftlicher Widerspruch zeugen von der Macht dessen, was die Gestalt des Konfuzius repräsentiert. Berufen sich heute maßgebliche Führer aus Politik und Wirtschaft Asiens auf Konfuzius, zeigt dies seine bleibende Wichtigkeit. Was in Ostasien Bedeutung besitzt, ist in einer Zeit zunehmender ökonomischer und politischer Verflechtung, ungeachtet ob er dessen gewahr wird, auch für den Westen wichtig.

Schon das Auftreten des Konfuzius steht in größerem weltgeschichtlichem Zusammenhang. Um die Mitte des ersten Jahrtausends vor der Zeitenwende begannen in China, Indien und Griechenland unabhängig voneinander jene Traditionen des Denkens, die den eurasischen Kontinent bis heute prägen. Hugo von Hofmannsthal sah in der Synchronizität des Auftretens der maßgeblichen Weisen keinen Zufall und sprach vom Wirken einer außerzeitlichen Gewalt, «die wir nur kaum ahnen».[2] Bei aller Erstaunlichkeit des Phänomens lassen sich in den drei Kulturräumen gesellschaftliche und ökonomische Prozesse aufweisen, die zum Auftreten der ersten Philosophen beitrugen.

Jahrtausende lebten die Menschen Eurasiens als Teil der Natur mit ihren Göttern. Auch in zivilisatorischen Blüten folgten sie selbstverständlichen Bräuchen, die in frühen Stammesordnungen wurzelten. Schließlich setzte in China der Zerfall eines seit Jahrtausenden bestehenden Reichs in Teilstaaten ein, verwandelten gewaltige Fortschritte im Reisbau die indische Gesellschaft, standen Griechen beim Kolonisieren Kleinasiens vor neuen Realitäten.

Trotz spezifischer Unterschiede war den Umwälzungen eine Folge gemeinsam: Alte Götter und Sitten entsprachen der veränderten Welt des Menschen nicht mehr. Die einst erlebte Wirklich-

Zeittafel zur Geschichte Chinas

Xia-Dynastie	21.–16. Jh. v.u.Z.
Shang-Dynastie	16.–11. Jh. v.u.Z.
Zhou-Dynastie	
Westliche Zhou	11. Jh.–771 v.u.Z.
Östliche Zhou	770–256 v.u.Z.
«Frühling und Herbst»	770–476 v.u.Z.
Streitende Reiche	475–221 v.u.Z.
Qin-Dynastie	221–207 v.u.Z.
Han-Dynastie	206 v.u.Z.–220 u.Z.
Zeit der Drei Reiche	220–280
Westliche Jin-Dynastie	265–316
Östliche Jin-Dynastie	317–420
Nanbei Chao	
Südliche Dynastien	420–589
Nördliche Dynastien	386–581
Sui-Dynastie	581–618
Tang-Dynastie	618–907
Zeit der Fünf Dynastien	907–960
Song-Dynastie	960–1279
Liao-Dynastie	916–1190
Jin-Dynastie	1115–1234
Yuan-Dynastie	1279–1368
Ming-Dynastie	1368–1644
Qing-Dynastie	1644–1911
Republik	1912–1949
Volksrepublik	ab 1949

keit der Götter gerann zum Mythos, den nicht mehr jeder als sinnstiftend empfand. Der Gott als Ahnherr des Herrschers über das Gesamtreich wurde in chinesischen Teilstaaten problematisch, die sich von dieser Zentralgewalt lösten. Götter und Riten der Viehzüchter taugten im von Reisbau und Stadtkulturen geprägten Indien weniger. Jene des Peloponnes bewährten sich nicht gleichermaßen in Kleinasien, wo auf der Suche nach neuen Interpretationen der Welt die ersten griechischen Denker auftraten.

Dass tradierte Sinn- und Regelsysteme nicht mehr genügten, zwang überall zur Umorientierung. Die Brüchigkeit des zuvor Selbstverständlichen, das in der Unzuverlässigkeit konventionell noch akzeptierter Werte zutage trat, ließ den Menschen in Konflikt mit seiner Wirklichkeit geraten und warf ihn auf sich selbst. Für die veränderte Welt taugliche Erklärungen entsprangen in dieser Situation seinem Beobachten und Nachdenken. Die Subjektivität des Einzelnen gewann Bedeutung. Der Mensch erkannte, dass neben den Göttern in der Natur Gesetze wirken wie jenes von Ursache und Folge, derer sich ein erfolgreiches Handeln in der Welt ebenso bedienen muss wie ein schlüssiges Argumentieren. So trat mit der Subjektivität das, was man später als «Vernunft» bezeichnete, in die Geschichte des Denkens. Karl Jaspers sprach in diesem Sinn von der «Achsenzeit», einer Epoche der Aufklärung in den alten Hochkulturen.[3] In der europäischen, indischen und ostasiatischen Region ragt jeweils die Überlieferung einer für die weitere Entwicklung prototypischen Persönlichkeit heraus. Der «Buddha» genannte Gautama, der wirkungsgeschichtlich bedeutendste Denker Indiens, zog nach geläufigen Datierungen um dieselbe Zeit durch den Norden des Subkontinents, zu der in China Konfuzius seine Schule gründete. Etwa ein Jahrzehnt nach dem Tod beider wurde in Athen Sokrates geboren.

Keine der drei Gestalten lässt sich historisch eindeutig fassen. Kann der Sokrates der Dialoge die Erfindung des Platon sein und mögen fixierte Reden Gautamas nicht so auf ihn zurückgehen, so lassen sich auch die wahren Worte des Konfuzius nicht mit Bestimmtheit ausmachen. Eine umfangreiche wissenschaftliche Literatur will für jeden der drei den echten Menschen und seine authentische Lehre aus dem erhaltenen Material schälen oder ebendiese als Fiktionen bloßstellen.

Solches Vorgehen entspricht der metaphysischen Tendenz des Abendlandes, deren Ontologie nach dem Wesenhaften jenseits der Erscheinung fragt und auf gleiche Weise versucht, in der Geschichte den wahren Kern des Geschehenen hinter dem trügerischen Schein des Berichteten offen zu legen. So forschte der Sinologe Otto Franke nach dem echten Konfuzius, den die chinesische Tradition verhüllte: «Und je tiefer die Sonne des kritischen Denkens sank, um so mehr wuchs der Schatten dieser Durchschnittspersönlichkeit ins Riesenhafte, je größer der Zeitabstand wurde, um so eifriger schmückten die Epigonen das Bild des Meisters mit dem Strahlenkranze göttlicher Erleuchtung, bis man den Schatten für die Person selbst, das Bild für die Wirklichkeit nahm.»[4] Unbestreitbar mischt sich die Rezeption eines Menschen, der für eine weltgeschichtliche Bewegung steht, mit all dem, was sich auf ihn berief. Schon Karl Marx, für dessen Leben und Arbeit überreichlich Quellen vorliegen, lässt sich schwerlich nicht durch die Brille des realen Sozialismus betrachten, der seinen vorgeblichen Gründer immer wieder zitierte. Die Trennung einer Person und ihrer Lehre von der Rezeption wird weitaus problematischer, lebte sie wie Konfuzius vor über zwei Jahrtausenden. Hans-Georg Gadamers Mahnung zu «wirkungsgeschichtlichem Bewußtsein» erlangt hier besondere Bedeutung.[5]

Weil schon die Formulierung ältester Texte von der Geschichte der Wirkungen beeinflusst ist und so zwischen Konfuzius und dem von ihm ausgehenden «Konfuzianismus»[6] keine eindeutige Trennungslinie zulässt, bleibt jeder Versuch eitel, der sich als echte Vision des Gewesenen ausgibt. Als früh geltendes Material kann, muss aber nicht verlässlicher sein als jüngeres, das ältere Überlieferungen aufgenommen haben mag. Vielleicht wird es einmal unter die Torheiten des Abendlandes zählen, sogar dort den «wahren» Kern herbeizuzwingen oder zu leugnen, wo zeitlicher Abstand und Quellenlage dies unmöglich machen.

Ob philologische oder historische Kritik die Ungeschichtlichkeit des Konfuzius, Gautama oder Sokrates aufzeigt oder unterschiedlichen historischen Gehalt ausmacht, jedes Ergebnis bleibt mehr oder weniger schlüssige Spekulation. Es kann neues Licht auf das Material werfen und so zur Interpretation beitragen, ist aber als das, was es oft sein will, Rekonstruktion von Gewesenem, irrelevant und trägt wenig zum Verständnis dessen bei, was Sokrates, Gautama oder Konfuzius bis heute bedeuten. Naives Akzeptieren der Überlieferung lässt mehr von der Aktualität der Gestalt verstehen als Frankes Blick auf eine «Durchschnittspersönlichkeit», die weder faktisch gesichert noch jener Konfuzius ist, der in der Geschichte bis zur Gegenwart lebt.

Die Einsicht in die Unmöglichkeit, mit Methoden des Philologen und des Historikers auch nur einen echten Blick zweieinhalb Jahrtausende zurückzuwerfen, muss nicht zur Resignation führen. Sie kann die Sicht für das befreien, was offen liegt, das Gewordene, das ungleich mächtiger ist als das Gewesene. Über die unzugängliche Wahrheit tatsächlicher Ereignisse hinaus geht die greifbare Wirklichkeit dessen, was bis heute wirkt. Mehr als historische Personen, die sie gewesen sein mögen, wurden Konfuzius, Gautama und Sokrates zu Personifikationen des Stils und richtungsweisender Leitmotive im Denken ihrer Kulturkreise. Wird die Gestalt des Konfuzius so verstanden, kann es im Folgenden nicht vorrangig darum gehen, den geschichtlichen Menschen und seine Worte aus der Tradition zu filtern, auch wenn im Mittelpunkt der Deutung steht, was historischer und philologischer Forschung zufolge als frühe Schicht der Überlieferung gelten darf.

Die unbestritten älteste Quelle ist «Lunyu». Das Buch enthält in zwanzig Kapiteln mit etwa fünfhundert Abschnitten «gesammelte Worte» des Konfuzius und seiner Schüler. Wie bei Gautama und Sokrates wird keine systematische Philosophie präsentiert. Doch anders als in Gautamas Reden und den sokratischen Dialogen, deren Ausführlichkeit unschwer auf zugrunde liegende Systeme schließen lässt, präsentiert «Lunyu» meist kurze Aphorismen.[7] Ihren inneren Zusammenhang offen zu legen, bedarf in starkem Maß der Deutung. Diese sollte allerdings keinen systematischen

Zur Aussprache des Chinesischen

an	nach *y, i, yu, qu, xu, yu* wie *än*
ao	wie *au*
c	wie *ts*
ch	wie *tsch*
e	etwa wie *ö*
ei	wie ein langes *e*
h	wie *ch*
j	wie *dj*
ong	wie *ung*
q	wie *tj*
s	wie *ss* in *nass*
sh	wie *sch*
u	nach *j, q, x, y* wie *ü*
x	wie *ch* in *mich*
y	wie *j*
zh	wie *dsch*

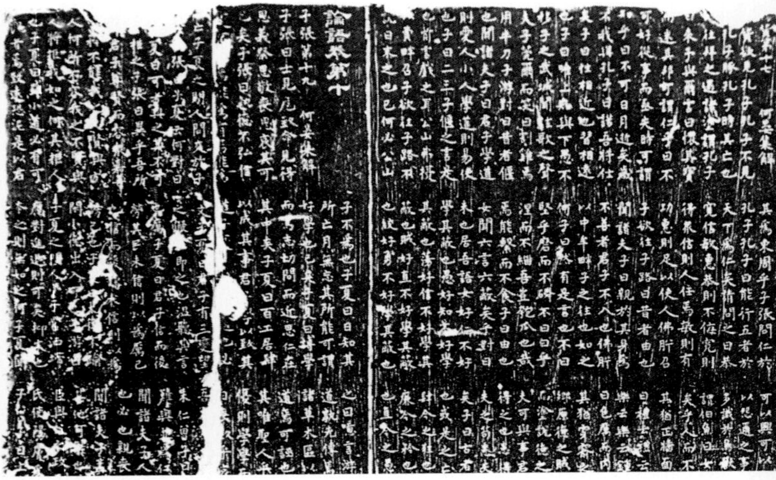

論語卷第十

子張第十九 何晏集解

Überbau zum Text schaffen, wenn sie dessen Charakter gerecht bleiben will.

«Lunyu» geht in der erhaltenen Form nicht auf die Zeit des Konfuzius zurück. Die konfuzianischen Schriften wurden 213 v. u. Z. verboten und verbrannt. In der sieben Jahre später beginnenden Han-Dynastie stellte man sie wieder her. Sicher konnte man auf Material, das die Verfolgung überstand und die Erinnerungen an verlorene Texte aufbauen. Doch enthält «Lunyu» nachweislich ältere und jüngere Schichten.[8]

Der Historiker Sima Qian (145–86 v. u. Z.) gibt in seinem Geschichtswerk «Shiji» eine Biographie, die allerdings schon den bis dahin vollzogenen Idealisierungen des bedeutenden Mannes Rechnung trägt. Daneben gibt es eine Reihe bearbeiteter Darstellungen seines Wirkens wie das auf älterem Material basierende «Kongzi jiayu» des Beamten und Literaten Wang Su (3. Jahrhundert u. Z.), die mit Bedacht und Vorbehalt herangezogen werden können. Meine Darstellung wird sich im Sinn des Selbstzeugnisses vor allem auf «Lunyu» stützen. Darüber hinaus werden Zitate aus «Kongzi jiayu» angeführt, die sich widerspruchsfrei als kommentierende Erläuterung in den Kontext von «Lunyu» fügen.

Das Übersetzen eines klassischen chinesischen Textes wie

Lunyu-Handschrift.
9. Jahrhundert u. Z.

«Lunyu» in westliche Sprachen ist zum großen Teil Interpretation. In Tausenden Zeichen geschrieben, besaß das Chinesische keine normierende Grammatik und Syntaktik im Sinn indogermanischer Sprachen. Erst nachträgliches Punktieren durch Kommentatoren und Übersetzer unterteilt frühe Texte in Sinneinheiten. Hierdurch bieten sich dem Deuten Varianten, die so weit gehen, dass unterschiedliche Punktierung über Bejahung oder Verneinung einer Aussage entscheidet. Sprach Konfuzius[9] «Wer nicht in den Spuren anderer wandelt, kommt nicht ans Ziel»[10], oder lautet im Gegenteil die entsprechende Stelle, wer «den Pfad des ‹guten Menschen›» gehen wolle, «wandelt nicht in den Spuren anderer»[11]?

Abweichende Interpretationen müssen einander nicht grundsätzlich ausschließen, sondern können insgesamt auf das Gemeinte weisen. Karl Jaspers' Satz über einen chinesischen Text, es sei «zu widerraten, nur eine einzige Übersetzung zu lesen»[12], gilt unbedingt, will man, ohne Möglichkeit den Urtext zu konsultieren, dem Denken des «Lunyu» nahe kommen.

Zu hierdurch verursachten Verständnisproblemen treten solche des Stils. Chinesisches Philosophieren der klassischen Zeit bediente sich weitgehend konkreter Aussagen und zog auch zum Hinweis auf allgemeine Gesetze bildhafte Sätze Abstraktionen vor. Sagt Konfuzius *Die kalte Zeit des Jahres lässt erkennen, wie Kiefern und Zypressen immer grünen*[13], steht dieser Einzelfall für alle strukturell ähnlichen. Zeitgenössischen wie späteren Hörern schwang jede erdenkliche Parallele mit, «In der Not sieht man wahre Freunde» oder «Beim Erdbeben erweist sich das Eisengefäß als haltbar». Das Denken verlangte keine Abstraktion wie «Geänderte Bedingungen zeigen Bleibendes». Indem es kein Prinzip vom Beispiel schied, verweigerte es sich der Metaphysik, die nach der Regel hinter dem gegenständlichen Fall sucht.[14]

Ein abendländischer Metaphysiker wie Immanuel Kant musste diesen Mangel an Abstraktion tadeln. «Unerträglich» waren ihm Konfuzius' Worte, «weil sie einjeder herplappern kann».[15] Hegel bescheinigte Konfuzius in diesem Sinn «ein Herumreden, eine Reflexion und ein sich Herumwenden darin, welches sich nicht über das Gewöhnliche erhebt»[16]. Arthur Schopenhauer hielt die Lehre des Konfuzius für «überwiegend politische Moralphilosophie, ohne Metaphysik sie zu stützen, und die etwas ganz spezifisch Fades und Langweiliges an sich hat»[17].

Das methodische Verbleiben im ‹Gewöhnlichen› und Sich-Enthalten metaphysischer Formulierungen dokumentiert jedoch kein Unvermögen zum Prinzipiellen und ist nicht allein Ausdruck anderen literarischen Geschmacks. Es bildet ein Element der Lehre des Konfuzius, dessen Bedeutung und Herausforderung abendländischem Denken kaum erkennbar war, solange ihm Metaphysikkritik nicht zum Thema wurde.

Eine Möglichkeit, Konfuzius vor diesem Hintergrund für den Westen zu retten, bestand darin, ihn als Metaphysiker zu lesen. Der Theologe Richard Wilhelm, der im deutschen Sprachraum einflussreiche Übersetzungen chinesischer Klassiker vorlegte, stellt in der Einleitung seiner Version von «Lunyu» zu Konfuzius fest: «Jede hervorragende Persönlichkeit hat eine ganze bestimmte Auffassung der metaphysischen Gründe des Weltgeschehens. Und dieser Auffassung entsprechend gestaltet sie ihr Leben.»[18] In diesem Sinn gibt Wilhelm «Himmel» («tian»), im China des Konfuzius der höchste Wert, dem man opferte, mit «Gott» wieder. Doch wurde dieser «Himmel» als jener konkrete aufgefasst, der sich über der Lebenssphäre der Menschen wölbt, an dem sich rhythmisch Gestirne bewegen, der sich verdunkelt und wieder erhellt, von dem Regen fällt und Winde wehen. Das diesseitige, physische Höchste, unter dem Konfuzius lebte, setzte Wilhelms Übertragung mit dem absoluten Wesen westlichen Denkens gleich.[19]

Angedeutete Differenzen im Stil des Denkens und Sprechens mögen Hermann Hesse nach der «Lunyu»-Lektüre zur Feststellung inspiriert haben, der Westen empfände alles, was aus China kommt, «als fremd, anders, auf einem anderen Rhythmus, ja Lebensgesetz beruhend als unser Sein und Denken»[20]. Im Hinblick darauf, dass Fremdes nicht fern bleiben muss, mag es in einer Zeit zur Chance werden, die sich in der Krise erlebt und über Paradigmenwechsel nachdenkt.

Auch das Auftreten des Konfuzius fiel in eine Epoche mit Sinnkrise. China war um die Mitte des 1. Jahrhunderts v. u. Z. schon eine alte Kultur, deren Erinnerung in frühe Stammesüberlieferungen zurückreichte. Fünf ins 3. Jahrtausend v. u. Z. datierte Kaiser kennt die Tradition als Mischwesen aus Tier und Mensch, etwa den schlangengestaltigen Fuxi mit menschlichem Antlitz und den anthropomorphen, rindsköpfigen Shennong. Die alten chinesischen Stämme verehrten ihre Gründer sowie als beseelt betrachtete Naturerscheinungen wie Himmel, Erde, Berge und Gottheiten wie Ji, den Herrn der Hirse. Götter und Geister offenbarten sich in der Ekstase von Schamanen (wu), die oft Frauen waren.

Der schlangengestaltige Fuxi mit seiner Gattin Nugua. Fuxi führte die Ehe, Vieh- und Seidenraupenzucht sowie Musikinstrumente in die Kultur ein. Darstellung des 6./7. Jahrhunderts u. Z.

Durch Zusammenwirken mehrerer Stämme unter Führung jenes der Xia wurde im 3. Jahrtausend v. u. Z. auf dem Gebiet des heutigen Shanxi China als Staat geboren. Yu, der erste Kaiser der Xia-Dynastie, trägt als mythischer Stammesgründer die Gesichtszüge eines Tigers. Um die Mitte des 2. Jahrtausends v. u. Z. übernahm der Stamm der Shang die Führung. Die Herrscher der Shang-Dynastie leiteten ihre Genealogie von Shangdi, dem Ahnherrn ihres Hauses her, der damit zum höchsten der Götter des Reichs aufstieg. Dies weist auf die Bedeutung des Ahnenkultes. Die in der Erde Bestatteten gehen nicht in ein unfassbares Jenseits, sondern bleiben Teil der Natur, in und mit deren Kräften sie wirkten. Die rechte Verehrung der Ahnen sicherte somit Wachstum, Frucht und Ernte. Verstorbene Herrscher besaßen auch als Tote bedeutende Macht. Der offizielle Kult lag während der Shang-Zeit in den Händen gelehrter männlicher Priester (shi). Diese pflegten ein Orakel, bei dem der Wille der Götter und Geister aus Rissen gelesen wurde, die sich in erwärmten Schildkrötenpanzern und Knochen zeigten. Mit Aufzeichnungen der Shang-Priester, den frühesten Textzeugnissen Chinas, beginnt die Geschichtsschreibung des Landes.

Im 11. Jahrh. v. u. Z. lösten die Führer des Zhou-Stammes die Herrschaft der Shang-Dynastie ab. Damit wurde der Himmel, das oberste Objekt der Verehrung der Zhou, zum höchsten Gut. Der über das Land gespannte Himmel offenbarte seinen Willen durch sichtbare Phänomene. Indem er für den Landbau günstiges Wetter gewährte, im harmonischen Wechsel von Tag und Nacht sowie

Orakelfrage auf Schildkrötenpanzer: «Ist Herr Ban schuldig oder nicht schuldig?» 14. bis 12. Jahrhundert v. u. Z.

der Jahreszeiten, zeigte er sein Einverständnis mit dem Tun der Menschen. Durch Unregelmäßigkeiten oder gar Naturkatastrophen äußerte sich sein Missfallen.

Spekulationen über das Wesen des Menschen sahen ihn zweifach belebt, mit der Kraft des Körpers (po), die im Tod in die Erde eingeht, wo sie als Zurückgekehrte (gui) verbleibt, und einer Lebenskraft (hun), die zum Himmel aufsteigt. Dass in dessen ewiger Gegenwart etwas vom Verstorbenen als Geist (shen) konkret präsent bleibt, ist ein weiteres Element des Ahnenkultes. Mitglieder der Familie, deren Gebeine sich wieder mit der Erde vereinten, blieben zugleich Teil einer alles überspannenden Wirklichkeit.

Während der Zhou-Zeit begann man, den Himmel mit Shangdi zu identifizieren, wohl auch weil die Zhou kontinuierlich auf dem Shang-Staat aufbauen wollten. Da Shangdi der Vorfahr des abgelösten Herrscherhauses war, konnten nur dessen Angehörige seinen Kult vollziehen. Die Zhou mussten die Übernahme des Ahnherrn und Gottes rechtfertigen, dessen Nachkommen sie nicht waren. Die Begründung wird dem Zhou-gong, einem Bruder des Dynastiegründers Zhou Wu-wang, zugeschrieben. Da die oberste Gottheit mit dem Himmel identisch ist, muss der irdische Herrscher als «Sohn des Himmels» (tianzi) in Einklang mit dessen Willen regieren. Wird Herrschaft mangelhaft ausgeübt, verliert eine Dynastie den Auftrag des Himmels, was sich in Naturkatastrophen und Missernten ausdrücken kann. Es kam zum «Wechsel des Mandats» (ge ming) durch den Himmel, der eine neue Dynastie zur Herrschaft erwählt. Seit jener Zeit gilt in China gewaltsamer Machtwechsel dann als legitim, befinden sich Herrschende nicht in Einklang mit dem, was als recht und gut gilt.[21]

Was für Fürsten wie Untertanen schicklich und gut war, bestimmten «Li» genannte Regeln, denen eine überragende Bedeutung für das Zusammenleben zukam. Ursprünglich bezeichnete der Begriff rituelle Korrektheit beim Opfer an Geister und Götter. Während der Zhou-Zeit wurde er allmählich auf alle geregelten Verhaltensweisen angewandt, wie sie sich aus archaischen Bräuchen der Zhou und deren Verschmelzung mit jenen anderer Stämme ergab. Li umfasste alle Bereiche öffentlicher Moral und privaten Handelns, das Zeremoniell am Hof, das Grüßen, die Trauer um Verstorbene, Speisevorschriften, Anstandsformen und Tabus. Da

Seit der Zhou-Zeit ist der Himmel die höchste Gottheit.
Das «Kaiserliche Himmelsgewölbe» im Himmelstempel von Beijing

diese Ritualisierung des Daseins in sehr alten Traditionen wurzelte, galt sie jahrhundertelang unhinterfragt.[22]

Zur Zeit des Konfuzius stand man den Li längst nicht mehr ohne Zweifel gegenüber. Das Reich der Zhou brach auseinander, und alles über Jahrtausende Gewachsene wurde hinterfragt. Die Krise hing mit dem Versagen des zentralistischen Lehenssystems zusammen, das sich unter der Herrschaft der Zhou festigte. Der Herrscher gab bebaubares Land an blutsverwandte Fürsten weiter, die es ihrerseits unter Vasallen verteilten. Da nach vielen Generationen ursprüngliche Familienbande mit dem regierenden Haus kaum mehr spürbar waren, führte dieses System mit der Zeit zum Zerfall des Reiches in Partikularstaaten. Das Gebiet der Zhou, deren

Führer nominell weiter der Sohn des Himmels blieb, zersplitterte in dreizehn Fürstentümer wie Chu, Jin, Qi, Qin, Song, Wu, Yan, Yue, Zheng, die um Vorherrschaft stritten, bis Qin 221 v. u. Z. den Kampf für sich entschied und China erneut einigte.

Zuvor wurde auch innerhalb der einzelnen Teilstaaten um Macht gerungen. Wie Landesfürsten die Zentralgewalt des Hofs der Zhou schwächten, kamen sie selbst durch einflussreiche Familien ihrer Länder in Bedrängnis. Zur Zeit des Konfuzius bestand in seinem Geburtsland Lu eine komplizierte Kräftekonstellation, in welcher der legitime Fürst nichts tun konnte, ohne die Wünsche der Sippen Meng, Shu und Ji zu berücksichtigen. Vor dem Hintergrund dieser politischen Unsicherheit boten alte Werte keinen Halt mehr. Wie die Li als Normen des Verhaltens war auch der Himmel als höchste Instanz nicht mehr unbestritten. Wachte er tatsächlich darüber, dass die Herrschaft seines erwählten Sohnes gerecht und erfolgreich war, förderte die Guten und überwand die Niederträchtigen, weshalb konnte die Menschheit dann den rechten Weg (dao) verlieren und sich im Chaos finden?

Die Frage, wie sich die Harmonie wiedergewinnen ließ, die man in der langen Geschichte vor dem Niedergang des Zhou-Reiches verwirklicht sah, steht am Ausgangspunkt klassischen chinesischen Denkens. Sie ist vielfach als Suche nach dem verlorenen Dao formuliert. Der Begriff bedeutet Weg, besitzt aber im philosophischen Kontext weitere Dimensionen, auf die hier mit «rechter» oder «richtiger Weg» hingewiesen wird. Dao umschreibt die Art und Weise, wie alles in umfassender Harmonie aufeinander bezogen sein sollte: Der Einzelne und die Gesellschaft wirken im Einklang mit den natürlichen und guten Gesetzen des Himmels. In der westlichen Literatur versuchte man Dao unter anderem mit «Sinn», «Vernunft», «Wahrheit» oder «Ordnung» wiederzugeben. Doch sind diese abstrakten Begriffe, die mit Inhalten abendländischer metaphysischer Tradition asso-

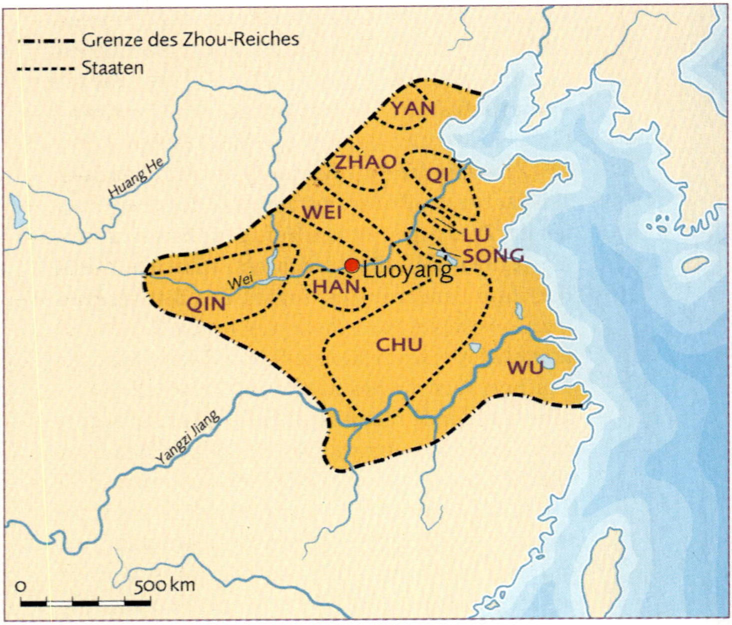

Das Zhou-Reich in der Epoche des Konfuzius

ziiert werden, missverständlich. Das Dao ist kein Prinzip hinter den Dingen der Welt, das diese ordnet, bestimmt oder ihnen höheren Sinn verleiht, keine Idee des Wahren, sondern wird im konkreten Geschehen der Welt zur Wirklichkeit. Es lässt sich darum nicht erreichen oder ein für alle Mal besitzen, sondern wird vollzogen, geschieht in der Dynamik einer Bewegung. Deshalb ist es angebracht, auch in westlichen Sprachen am Begriff des Weges festzuhalten.

Erste Lösungen zum Wiedergewinnen der verlorenen Harmonie entstanden aus der politischen Praxis, indem man die vom Einzelnen durch seine Herkunft ererbte Sitte durch ein objektives Regelwerk mit Kontrolle ergänzte. Neben die Li traten allgemeine Gesetze. Zichan (581–520 v. u. Z.), leitender Minister im Staat Zheng, erließ als Erster ein kodifiziertes Recht mit Strafnormen. Aus der Tendenz, mittels staatlicher Maßnahmen eine sichere Gesellschaft zu schaffen, entwickelte sich legalistisches Philosophieren, das durch Han Fei (um 280–233) seine klare Formulierung fand: Weil durch eine wachsende Bevölkerung die Güter sich verknappen, wirkt die Gier des Einzelnen verstärkt als sozialer Störfaktor. Ein mit Lohn und Strafe agierendes staatliches Ordnungssystem soll den Egoismus zügeln und gesellschaftlich nutzbringend kanalisieren.

Gegen die Idee, der Staat könne zum Finden des rechten Weges beitragen, traten die Daoisten auf. Mit einer Zivilisationskritik kehrten sie der Gesellschaft den Rücken, um den Einklang des Einzelnen mit der Natur zu suchen. Oft war ihr Ideal der als Einsiedler lebende Weise, der sich sozialer Bindung und Verantwortung verweigert. Darum propagierte man nicht positive Errungenschaften und Aktionen, sondern das Negative und Passive. Als das Wesentliche aller Dinge galt, was ‹nichts› an ihnen ist. Das von der Legende dem Laozi zugeschriebene «Daodejing» lehrt, nur der Hohlraum mache einen Topf nützlich, nur das Loch der Nabe mache ein Rad. Mit dem Wert des Nichts hängt die Lehre vom «Nicht-Tun» (wuwei) zusammen, was ein von subjektiver Berechnung freies Wirken bezeichnet. Von Natur aus folgt alles spontan dem rechten Weg (dao). Doch den Menschen warf gieriges Reflektieren des eigenen Vorteils aus dieser Bahn. Kein berechnetes Handeln kann den durch genau dieses Reflektieren bedingten Zustand korrigieren. Nicht-Tun heißt eigenes Wollen vergessen, sich bescheiden und nicht in den Fluss des Werdens eingreifen. So kommt der Mensch von allein auf den ihm angemessenen Weg und lebt frei, ohne Nutzen zu kalkulieren, als Naturerscheinung wie ein im Bach schwimmender Fisch oder ein Tautropfen, der über ein Blatt perlt.

Versprachen sich Legalisten von der geregelten Gesellschaft größten Nutzen für jedes ihrer Glieder, gewährte dem Daoismus gerade der Rückzug aus solcher das Glück des Einzelnen. Der spätere Erfolg der Lehre des Konfuzius gründete auch darin, dass sie Möglichkeiten zur Integration dieser gegenläufigen Tendenzen bot. Das Ordnen gesellschaftlicher Verhältnisse wollte Konfuzius durch zumindest zeitweiligen inneren Rückzug des Einzelnen fördern, der sich auf seine Rolle für den konkreten Anderen wie das Ganze besinnt und im Hinblick darauf in Wissen und Charakter bildet. Dies kam zugleich der steigenden Wertigkeit der Subjektivität entgegen.

Ambition und Scheitern

Den eigenen Weg reflektierte Konfuzius im Alter: *Mit fünfzehn wollte ich lernen. Mit dreißig war ich gefestigt, mit vierzig von Zweifeln frei. Mit fünfzig verstand ich das Gesetz des Himmels. Mit sechzig war mein Ohr geöffnet. Mit siebzig konnte ich meinen Herzenswünschen folgen, ohne das rechte Maß zu verlieren.*[23] Damit beschrieb er seinen Werdegang als charakterformenden Lernprozess, der schließlich im Einklang von Neigung und Pflicht gipfelte. Herzenswünsche waren ihm, den Alten Frieden zu schenken, anderen aufrichtig zu begegnen und den Jungen freundlich nahe zu sein.[24] Sein Lebensweg und dessen Leitmotive repräsentieren so den Tenor seiner Lehre, das Dasein durch Bildung und Disziplinierung bewusst zu gestalten, um persönliches Wachstum zur Basis praktizierten Menschlichseins zu machen.

Der Überlieferung zufolge wurde Konfuzius 551 v. u. Z. in Lu[25] geboren. Er entstammte einem verarmten Adelshaus aus Song, von wo sein Urgroßvater nach Lu geflohen war, um sich einer Familienfehde zu entziehen. Diese entbrannte Generationen zuvor am Mord an einem Vorfahren und dem Raub seiner Frau. Konfuzius' Vater hatte mit siebzig Jahren neun Töchter von seiner Hauptfrau und mit einer Nebenfrau einen gehbehinderten Sohn. Weil er einen weiteren männlichen Erben wünschte, bat er die Familie Yan um eine ihrer Töchter als Mutter. Die jüngste Tochter Zheng Cai stimmte einer Verbindung zu. Aus Angst, der alte Mann könnte kein Kind zeugen, flehte sie zum Geist des Berges Ni Qiu um einen Sohn. Als sich der Wunsch in Konfuzius erfüllte, nannte sie das Kind Qiu Zhongni, was seine Stellung als Zweitgeborener (zhong) mit dem Namen des Berges verknüpfte.

Der Vater starb drei Jahre nach der Geburt, was die Kindheit des Konfuzius und seine Jugend erschwerte. Er sprach von seiner frühen Zeit in niederer Stellung, die ihn viele praktische Fertigkeiten erwerben ließ[26], da er wohl keine Mittel besaß, Dienste anderer zu beanspruchen.

Wie bei allem vom Leben des Konfuzius Berichteten lässt

Konfuzius als Verwalter regionaler Kornvorräte. Volkstümliche Darstellung

sich wenig zur Faktizität der Erzählung seiner Abkunft sagen. Das Geschilderte mag für den als größten Weisen des Erdkreises Verehrten wenig schmeichelhaft scheinen, kann aber als Indiz authentischer Erinnerung gelten. Immerhin taugt der Bericht zur Erklärung für die spätere pädagogische Haltung des Konfuzius, nach der nur Bildung und deren Umsetzung, nicht aber Herkunft oder Wohlstand vom Wert eines Menschen zeugen.[27]

Die Lernbegierde des Konfuzius ließ ihn trotz widriger Umstände in der Jugend umfangreiches Wissen und die Kenntnis Tausender Zeichen der chinesischen Schrift erwerben. Er schlug die Laufbahn eines Beamten ein und soll in Lu Schreiber, Verwalter regionaler Kornvorräte sowie staatlichen Weidelandes gewesen sein. Mit neunzehn Jahren heiratete er. Aus der Ehe ging mit Boyu ein Sohn hervor. Auch hatte er mindestens eine Tochter. Nach ungefähr einem Jahrzehnt im Staatsdienst, Konfuzius war etwa dreißig, beschloss er, eine eigene Schule zu führen. Dazu trug bei, dass ihn der durch instabile politische Verhältnisse mangelhafte Zustand und die geringe Effektivität öffentlicher Verwaltung enttäuschten. Er erkannte darin vor allem ein ethische Fragen einschließendes Bildungsdefizit der Regierenden und Beamten. Der Himmel, heißt es später, beauftragte ihn, der aus den Fugen geratenen Welt als Lehrer den verlorenen Weg (dao) zu weisen. Manche Äußerung in «Lunyu» lässt sich im Sinn einer himmlischen Sendung interpretieren, doch bleibt unklar, ob dies metaphorisch oder im Sinn eines konkreten Berufungserlebnisses zu verstehen ist. Konfuzius tritt nicht als Prophet des Himmels auf und trägt seine Lehren weniger als Offenbarung, sondern argumentierend vor. Trotzdem war sein Wirken nicht allein von vernünftigen Motiven bestimmt. Er erscheint als Ekstatiker und Visionär, wenn ihm regelmäßig der Zhou-gong im Traum erschien, und er fühlte sein Ende nahen, als diese Bilder aufhörten.[28] Gute Musik versetzte ihn in einen Ausnahmezustand, der ihn «drei Monate den Geschmack des Fleisches vergessen»[29] ließ.

Die Schule des Konfuzius nahm ungeachtet des Standes jeden auf, der nach Bildung verlangte. Wer auch nur «ein Bund Dörrfleisch» brachte, empfing Unterweisungen, deren Grundlage sechs praktische Fertigkeiten waren. 1. Bogenschießen und 2. Wagenlenken entsprachen als aristokratische Künste der Herkunft vieler Schüler wie des Lehrers selbst aus dem niederen Adel. Konfuzius galt das Schießen mit dem Bogen auf eine Scheibe als Mittel zur Disziplinierung durch ritualisierten Streit. Beim Wettbewerb verneigte man sich voreinander und reichte dem Unterlegenen einen Trunk.[30] Auch das Wagenlenken war eine zeremonielle Kunst, deren formvollendetes Beherrschen Würde verlieh. Konfuzius «stieg aufrecht stehend mit den Zügeln in der Hand in den

Konfuzius mit seinen Schülern. Abreibung, 19. Jahrhundert

萬世師表
先覺先知為萬古倫常立極
至誠至聖與兩間功化同流
至聖先師孔子神位

Wagen. Im Wagen sah er sich nicht um, sprach nicht hastig und zeigte nicht mit dem Finger.»[31]

Dazu kamen 3. Schreiben und 4. Rechnen, deren Kenntnis für ein Verwaltungsamt, aber auch das Studium klassischer Literatur qualifizierte. Da die chinesische Schrift für jeden Begriff ein eigenes Zeichen kennt, entscheidet die Quantität erlernter Zeichen über die Fähigkeit, kompliziertere Zusammenhänge lesen und schriftlich ausdrücken zu können. 5. Li, die Riten und Regeln des Verhaltens, sowie 6. instrumentale und gesungene Musik dienten schließlich der Formung von Charakter und Verhalten.

Auf den praktischen Fertigkeiten baute ein Studium auf, das sich durch die Inhalte der später so genannten fünf klassischen Bücher des Konfuzianismus charakterisieren lässt. Erhielten diese auch erst nach Konfuzius ihre heutige Gestalt, gehen Teile doch auf eine Zeit vor 1000 v. u. Z. zurück. 1. Das «Buch der Lieder» («Shijing»), höfische Lyrik und Volksdichtung der frühen Zhou-Zeit, enthält für Konfuzius eine ethische Botschaft, indem es ein Denken fern von Schlechtem vermittelt.[32] Die Beschäftigung mit der Lyrik *regt an, stärkt die Achtsamkeit, fördert Gemeinsinn und drückt Leid aus*[33]. 2. Das «Buch der Urkunden» («Shujing») enthält historische Dokumente, denen Konfuzius Verhaltensprinzipien entnahm. Auf die Frage, weshalb er kein Regierungsamt hat, zitierte er das Buch: Auch wer Tugenden wie seine Dankespflicht gegenüber den Eltern erfüllt, wirkt letztlich politisch.[34] 3. «Frühling und Herbst» («Chunqiu»), eine Chronik der Geschichte von Lu, wird von dem bedeutenden konfuzianischen Denker Mengzi (4. Jahrh. v. u. Z.) dem Konfuzius zugeschrieben. Das Werk galt vor allem als Vorbild guten literarischen Stils. 4. Das «Buch der Riten» («Liji») kodifizierte die Li, um das lange nur durch Vorbild und Nachahmung Tradierte nicht verloren gehen zu lassen. 5. Vom gründlichen Studium des «Buchs der Wandlungen» («Yijing»), einem Orakeltext mit Wurzeln in der frühen Zhou-Zeit, erwartete Konfuzius ein Verhüten schwerer Fehler im praktischen Leben.[35] Beim Orakel wird durch Auszählen gebrochener und ungebrochener Schafgarbenstängel eines von 64 möglichen Zeichen ermittelt, das aus sechs jeweils durchgehenden oder unterbrochenen Linien besteht. Jedem Zeichen ist ein vor dem Hintergrund der Frage an das Orakel zu deutender Spruch zugeordnet. Indem als wandelbar verstandene Linien von durchgehenden zu gebrochenen werden und umgekehrt, entsteht ein weiteres Zeichen, dessen Spruch gleichfalls in die Deutung einfließt. So kann jedes der 64 Zeichen mit jedem anderen zusammentreffen, was 4096 Varianten zulässt, die als Grundmuster aller Lebenssituationen gelten, die stets Übergänge von einem Zustand zum anderen sind. Indem das «Buch der Wandlungen» objektive mathematische Struktur mit subjektivem Deuten der Orakeltexte vereint, kommt es der Grunderfahrung des Menschen entgegen, einerseits Opfer gegebener Umstände, andererseits Gestalter zu sein. Das Beziehen der Sprüche auf die Wechselfälle eigenen Lebens weist im Dechiffrieren verschlüsselter Zeichen auf tiefere Dimensionen des Lebens jenseits seines oberflächlichen Ablaufs. Konfuzius arbeitete das Buch nach der Legende so oft durch, dass der Umschlag dreimal zu erneuern war.

Später erinnert man sich an Konfuzius auch als Zeichendeuter: Was offenbart der einbeinige Vogel vor seinem Palast, ließ etwa der Herrscher Jing von Qi beim Meister anfragen. Konfuzius warnte vor mächtigem Regenfall, worauf das rechtzeitige Reparieren von Deichen und Kanälen eine verheerende Überflutung verhinderte.[36]

Der Erwerb praktischer Fertigkeiten und das Studium klassischer Bildung dienten der Veredelung des Schülers, der über das Gemeine oder Normale hinauswachsen sollte. Dazu ergänzen die Gegenstände des Lernens einander: *Die Lieder wecken, die Riten verleihen Halt, die Musik vollendet.*[37] Konfuzius wollte eine Avantgarde ausbilden, die beim Verwirklichen einer harmonischen Welt anderen vorangeht. Was den Edlen auszeichnet, ist vor allem sein *Menschlichsein* (ren). Dessen Verwirklichung dienen alle Künste und Wissenschaften, bei denen es darum weniger auf technische Perfektion ankommt. *Beim Bogenschießen geht es nicht um das Durchbohren der Scheibe, denn die Menschen haben unterschiedliche Kraft.*[38]

Dass er nicht oberflächlichen Erfolg suchte, breiten Überblick, aber kein Spezialistentum anstrebte, verstand nicht jeder. Ein Kritiker bemängelte: «Kongzi mag ein großer Mann mit vielen Kenntnissen sein, doch hat er keine besondere Gabe, die seinen Ruhm rechtfertigt.» Jener kommentierte ironisch: *Worauf soll ich mich wohl verlegen, aufs Wagenlenken oder Bogenschießen? Ich nehme das Wagenlenken.*[39] Die Schaustellung von Rekorden lehnte Konfuzius ab. *Edle lieben innere Werte, normale Menschen Äußerliches.*[40] Dieses Prinzip galt ihm nicht nur für den Alltag, sondern gleichermaßen für die Staatsregierung, wo es nicht auf Demonstration von Macht und Gewalt ankommt, sondern auf die menschliche Haltung der Herrschenden. Von drei im Staat notwendigen Dingen – ausreichender Nahrung, dem Sicherheit garantierenden Heer und allgemeinem Vertrauen –, so Konfuzius, ließe sich am leichtesten auf das Heer und sogar auf ausreichend Nahrung verzichten. Schwände aber das Vertrauen, ginge der Staat unter.[41]

Nachdem er wenige Jahre Schüler unterrichtete, unternahm Konfuzius um 518 eine Forschungsreise nach Luoyang. In der Residenzstadt der politisch bedeutungslosen Zhou-Dynastie studierte er überlieferte Riten, Bräuche, Urkunden und Denkmäler, wo sie noch am reinsten zugänglich waren. Die Legende will, dass Konfuzius mit Laozi (Laotse) zusammentraf, der mythischen Weisengestalt des Daoismus, der in der Hauptstadt als Archivar wirkte. Laozi soll Konfuzius ganz im daoistischen Sinn vor politischem Enga-

Des Meisters Reise nach Luoyang. Buchillustration

Konfuzius, Laozi und das «Kind aus dem Windhaus». Steinschnitt der Han-Zeit

Daoistische Kritik an Konfuzius

Als Konfuzius den Wagen lenkte, baute am Weg ein Knabe eine Sandburg. «Weichst du mir nicht aus?», rief der Meister. Der Knabe sprach: «Wagen weichen der Stadt aus, nicht Städte dem Wagen.» Konfuzius sprach: «So jung und schon altklug.» Da sagte der Knabe: «Nur drei Tage alt kennen Kinder Vater und Mutter, springen Hasen übers Feld, schwimmen Fische im Wasser. Ist Natürliches altklug?» – «Wie heißt du?», fragte der Meister. «Ich wohne namenlos im Windhaus», sprach das Kind. – Konfuzius bat das Kind mitzufahren, das aber sagte: «Ich diene Vater und Mutter, folge dem älteren Bruder und leite den jüngeren an, studiere bei einem weisen Lehrer. Bliebe da Zeit für dich?» – «Lass uns die Welt ins Gleichgewicht setzen!», schlug Konfuzius vor. Der Knabe aber meinte: «Wem nützt das? Man braucht Berge wie Seen, Fürsten wie Knechte. Wo brüten Vögel, trägt man Berge ab? Wo leben Fische, schüttet man Seen zu? Wer kennt ohne Fürsten gut und böse? Wen leitet man ohne Knechte zur Arbeit an? Die große Welt will kein Gleichgewicht.» Nachdem Konfuzius die Weisheit des Knaben geprüft hatte, fragte dieser den Meister: «Wie viel Sterne leuchten am Himmel?» Konfuzius erwiderte: «Sprechen wir von Näherem!» Darauf fragte das Kind: «Wie viel Haare haben deine Brauen?» Da lächelte der Meister: «Vielleicht übertrifft uns die junge Generation.»

Populäres Märchen in Ostasien

gement gewarnt haben: Wer Fehler anderer erkennt und beim Namen nennt, begibt sich in Zeiten wie diesen in Lebensgefahr.[42] Man sollte sich zweckloser Versuche der Weltverbesserung enthalten.[43] Wer erkennt, dass er sich durch Diskutieren und Beraten in Klügelei und Gerede verlöre, bleibt auf dem rechten Weg (dao).[44]

Konfuzius gab solch daoistischer Versuchung zum Rückzug nie nach, sondern strebte nach politischer Wirksamkeit, die er nicht nur indirekt als Pädagoge, sondern auch unmittelbar als Berater oder Kanzler eines Herrschers ausüben wollte. Bis zum Ende seines Lebens blieb er überzeugt, durch das Studium des Altertums den Weg zu kennen. *Betraute mich einer mit der Regierung, wäre nach einem Jahr der Erfolg zu sehen und nach drei Jahren alles geordnet.*[45]

Bald nach seiner Reise erhoben sich in Lu die mächtigen Familien gegen den legitimen Fürsten Zhao. Konfuzius, der nicht Untertan von Putschisten sein wollte, folgte Zhao 517 mit seinen Schülern ins Exil im Staat Qi. Als der dortige Fürst Jing nach der Grundlage des Regierens fragte, antwortete Konfuzius: *Der Fürst sei Fürst, der Untertan sei Untertan, der Vater sei Vater, der Sohn sei Sohn.*[46] Nähme jeder in seinem sozialen Bezogensein auf andere pflichtgemäß die von den Li definierte Rolle ein, funktionierte das Ganze.

515 kehrte Konfuzius nach Lu zurück und widmete sich seiner Schule. Über deren Größe und die Zahl der Schüler lässt sich wenig sagen. Der Tradition zufolge bildete er dreitausend Schüler aus. Namentlich genannt werden 72, deren Alter meist dreißig bis fünfzig Jahre niedriger ist als das des Meisters.[47] Konfuzius forderte von den Schülern Initiative. Wer nicht aus eigenem Antrieb lernte und *nicht von einer gezeigten Ecke auf die drei anderen schloss*, erhielt den Stoff nicht wiederholt.[48] Die Nachfrage, die signalisierte, ob und was man verstanden hatte, war wichtig. Einem hohen Politiker, der wissen wollte, was die angemessene Haltung gegenüber den Eltern sei, antwortete Konfuzius lakonisch, man solle keine Regel übertreten. Da der Fragende sich mit dieser wenig sagenden Auskunft zufrieden gab, sprach der Meister nicht weiter. Später hakte ein Schüler nach, was denn damit gemeint sei, worauf er Auskunft über die Fürsorge bei Lebzeiten der Eltern und das spätere Beachten des Ahnenkults erhielt.[49] Konfuzius liebte den

Widerspruch. Von seinem begabtesten Schüler, dem um dreißig Jahre jüngeren Yan Hui, sagte er, dass dessen schnelles Verständnis dem Lehrer nicht weiterhilft.[50] Gerne ließ er sich korrigieren: *Dass die Menschen sicher meine Fehler erkennen, ist mein Glück.*[51]

Die Schüler waren sehr unterschiedliche Charaktere. Neben dem besinnlichen Yan Hui, der wie kein anderer das Lernen liebte, ragt der Haudegen Zilu heraus, der nur neun Jahre jünger als der Meister war. Bei ihrer ersten Begegnung fragte Konfuzius, was sein größtes Glück sei und erhielt zur Antwort: «Mein langes Schwert.» Konfuzius schlug ihm vor, sich durch Bildung zu vervollkommnen. Doch Zilu bezweifelte deren Sinn: «‹Der Bambus auf den Bergen des Südens wächst von selber gerade, ohne dass man ihn zurechtbiegt. Haut man ihn ab, kann man damit eines Nashorns Haut durchbohren. Wenn man es von dieser Seite nimmt, was hat da Bildung für ein Wert?› Konfuzius sprach: *Wenn du den Bambus mit einer Kerbe versiehst und fiederst, ihn anspitzt und schleifst, wird er dann nicht noch tiefer eindringen?* Da verneigte sich Zilu zweimal und sprach: ‹Ich will ehrfurchtsvoll Eure Lehren empfangen.›»[52]

Um 500 sollen Konfuzius politische Ämter anvertraut worden sein. Dieser Teil der überlieferten Biographie gilt vielen als spätere Zutat konfuzianischer Autoren, die zeigen wollen, dass der Meister tatsächlich zum Regieren fähig war.

Zuerst bekämpfte er als Hauptmann der Stadt Zhongdu erfolgreich das Verbrechen und führte eine gerechte Verteilung der Nahrungsmittel ein, die auf Bedürftigkeit Rücksicht nahm. Landwirtschaftlich nutzbarer Grund durfte nicht mehr für Bestattungszwecke verwendet werden, wodurch die Erträge stiegen. Fürst Song, der in Lu von 509–495 v. u. Z. regierte, wollte die Maßnahmen des Konfuzius daraufhin generell einführen. Konfuzius wurde zum Leiter vom Staat organisierter Arbeiten. Er teilte den Boden in fünf Qualitätsstufen ein und ließ jeweils die am besten geeigneten Pflanzen anbauen. Schließlich ernannte ihn Song zum obersten Rechtspfleger von Lu. «Die von ihm erlassenen Gesetze mussten nicht vollstreckt werden, weil niemand ihnen zuwiderhandelte.»[53]

Das Ende der politischen Tätigkeit 497 wird moralischer Sabotage durch den neidischen Fürsten des Nachbarstaats Qi zugeschrieben, der achtzig Tänzerinnen als Geschenk an den Hof von Lu sandte. Lustvollem Spiel hingegeben, fand man tagelang keine Zeit für Amtsgeschäfte.[54] *Keinen sah ich, der die Sittlichkeit so liebt wie die Schönheit des Körpers.*[55] Konfuzius, der unter diesen Umständen nicht an der Verwaltung mitwirken wollte, verließ das Land, um mit Schülern dreizehn Jahre lang durch China zu ziehen.

Zweimal hielt er sich je vier Jahre im Staat Wei auf, dazwischen in Chen. Oft ist er auf der Reise. Der Wunsch, er und seine Schule würden bestimmenden Einfluss auf die Staatsführung gewinnen, erfüllte sich nicht. Herrscher suchten den Rat des weisen und gebildeten Mannes, doch ging es ihnen nicht um seine Werte. Konfuzius hoffte Ling, dem Fürsten von Wei, Menschlichkeit und Selbstdisziplin als Grundlage des Regierens nahe zu bringen: *Wer die Menschen liebt, den lieben auch die Menschen. Wem etwas bei sich selbst gelingt, dem gelingt es auch bei anderen.*[56] Doch als Ling Auskunft über richtige Kriegsstrategie begehrte, antwortete Konfuzius, er verstünde sich wohl auf die Li, nicht aber aufs Militär. Am nächsten Tag reiste er ab.[57] Einmal erwog er, sich als Lehrer bei «den Stämmen des Ostens» niederzulassen, auf deren Kultur man in China herabblickte. Gäbe es einen Edlen unter ihnen, wies er einen entsprechenden Einwand zurück, könnte es dort nicht unkultiviert zugehen.[58] Doch er blieb im Zhou-Reich. Bei einer Gelegenheit rief Konfuzius aus, weil die Welt ohne Dao sei, würde er am liebsten *ein Floß besteigen und sich aufs Meer treiben lassen,* wobei ihn wohl nur der Schüler Zilu begleiten würde. Dieser zeigte sich geschmeichelt, worauf ihn der Meister tadelte, die Fluchtgedanken zu ernst genommen zu haben.[59] Ohne Berufung in eine Regierung bewahrte er eine Haltung vornehmer Resignation: *Es stört mich nicht, dass ich kein Amt habe. Es müsste mich stören, wäre ich ungeeignet dafür. Es stört mich nicht, unbekannt zu sein. Es geht darum, wert zu sein, bekannt zu werden.*[60] Das Wanderleben war mit Gefahren verbunden. So unternahm 493 in Song der machtbesessene Adlige Huan Tui einen Mordanschlag auf den Meister. Huan Tuis Bruder Sima Niu war Schüler des Konfuzius und «stets betrübt über das schlechte Tun seines Bruders»[61], was diesen wohl so erzürnte, dass er dem Meister nach dem Leben trachtete. 489 fanden sich Konfuzius und seine Schüler in einer durch Krieg verwüsteten Gegend. Sie hatten ihren Proviant aufgebraucht, waren dem Verhungern nahe und die Stimmung der Gruppe war gedrückt. Doch Konfuzius schien die ausweglose Lage zu ignorieren. Er las in Texten, musizierte und lehrte. Als der sonst starke Zilu schließlich entmutigt fragte, wie der Edle in solche Situation kommen kann, sprach Konfuzius: *Gerät der Edle in Not, zeigt er sich gefestigt. Kommt der Gemeine in Not, verliert er die Fassung.*[62] Manche späteren Reisen gaben Grund zur Freude. Einzelne Schüler wurden in Ämter berufen, die sie gut versorgten. Als Konfuzius Wucheng besuchte, wo sein Schüler Ziyou die Verwaltung leitete, war er glücklich erstaunt über den hohen Stand der Kultur in diesem kleinen Flecken, der den in mancher Metropole übertraf. Er sagte scherzhaft, dass man hier *ein langes Ochsenmesser zum Schlachten eines Hühnchens* verwendete.[63]

Als Konfuzius 484 nach Lu zurückkehrte, hörte die Regierung den Rat des weit gereisten und berühmten Mannes, doch dürften seine zentralen Anliegen, dass Herrschende bei sich selbst mit der Erziehung beginnen müssen, kaum Anklang gefunden haben. Als der Minister Ji Kangzi fragte, was er gegen Räuber unternehmen sollte, antwortete Konfuzius: *Wärest du nicht selbst gierig, würde auch dann nichts gestohlen, wenn man es belohnte.*[64]

Als seine Schule wieder sesshaft war, widmete er sich dem Ordnen ritueller Texte. *Festlieder und Opferlieder kamen an den rechten Ort.*[65] Konfuzianische Tradition bezieht dies darauf, dass Konfuzius in seinen reifen Jahren die fünf Klassiker kompilierte.

Die letzten Lebensjahre des Konfuzius waren von Verlusten überschattet. Sein Sohn Boyu starb 483. Im selben Jahr wurde der Enkel Zisi geboren, der nach dem Bericht des Sima Qian die Lehre seines Großvaters mit dem Werk «Zhongyong» weiterentwickelte. 481 starb Yan Hui, auf dessen Begabung der Meister seine Hoffnungen gesetzt hatte. *Der Himmel verlässt mich*, klagte er und weinte bitterlich.[66]

Im Folgejahr meldete ein Bote, dass Zilu, der im Staat Wei ein Amt angenommen hatte, bei Thronstreitigkeiten ums Leben gekommen war. «Der Meister beweinte ihn mitten im Hof. Es kamen Leute, ihr Beileid zu äußern, und er verneigte sich vor ihnen. Als er ausgeweint hatte, ließ er den Boten hereinkommen und fragte nach den näheren Umständen. Der Bote sprach: ‹Sie haben ihn zu Brei zerhackt.› Darauf ließ der Meister durch die Diener das

Die Grabanlage des Meisters. Volkstümliche Darstellung

gehackte Fleisch, das auf dem Tisch stand, ausschütten und sprach: *Ich bringe es nicht mehr über mich, Gehacktes zu essen.*»[67] Zur persönlichen Tragik traten schmerzhafte politische Ereignisse. Im Nachbarstaat Qi wurde 481 Fürst Jing vom Adligen Chen Heng ermordet, der die Regentschaft übernahm. «Konfuzius badete, ging zum Hof und sprach zum Fürsten Ai: *Chen Heng ermordete in Qi seinen Herrn Jing. Ich ersuche, gegen ihn vorzugehen.*»[68] Doch der machtlose Fürst verwies ihn an die drei mächtigen Familien, welche die Gewalt in Lu ausübten. Diese hatten ihrerseits kein Interesse am Ahnden des Verbrechens gegen einen legitimen Herrscher, womit sie ihrem eigenen Fürsten, dessen Macht sie untergruben, einen Loyalitätsbeweis gegeben hätten. Konfuzius blieb nur, resignierend festzustellen, es sei als Mann des öffentlichen Lebens seine Pflicht gewesen, die Übeltat anzuzeigen.

Bald nach dem Tod setzte die Verehrung ein. Das Wohnhaus der Familie Kong in Qufu wurde zum Tempel. Die heutige Gestalt der Anlage entstand im 18. Jahrhundert.

Nachdem ich die Halle des Grabtempels, des Meisters Wagen, Gewänder und Ritualgefäße betrachtete und mich der Nachfolger erinnerte, die hier regelmäßig Gedenkriten vollzogen, wollte ich mich ehrfürchtig umwenden. Aber ich konnte mich nicht losreißen. Tausende Herrscher und verehrte Weise gab es in der Welt, deren Ruhm nach dem Tod erlosch. Jener des Konfuzius, der nur ein Leinengewand trug, währt seit zehn Geschlechtern. Wer nach Bildung strebt, folgt ihm. Der Sohn des Himmels, adlige Herrn, jeder, der sich mit Gelehrsamkeit und Kunst beschäftigt, wendet sich ihm und seiner Regel zu. Dies ist höchste Vollendung.

Der Historiker Sima Qian
(145–86 v.u.Z.)

Als Konfuzius noch zu Lebzeiten Zilus einmal dem Sterben nahe schien, traf dieser Vorkehrungen für ein prunkvolles Begräbnis im Stil eines Fürsten, der von Ministern betrauert wird. Später hörte er von Konfuzius den Tadel: *Keine Minister zu haben, aber tun, als hätte man welche! Kann man so den Himmel täuschen? Ich sterbe lieber in den Armen meiner Schüler als in denen von Untergebenen. Auch ohne prunkvolles Begräbnis ist es nicht so, als stürbe man auf der Straße.*[69]

Eines Morgens in seinem 72. Lebensjahr erhob sich Konfuzius zeitig. Er hatte sich im Traum zwischen zwei Säulen gesehen, was dem Aufbahrungsbrauch des Stammes entsprach, auf den sich seine Familie zurückführte. Gewiss, bald zu sterben, ging er ins Freie und sang ein Lied von der Nichtdauer: Wie ein großer Berg einmal stürzt oder ein Balken bricht, geht auch der Weise dahin. Der Meister berichtet dem rasch hinzueilenden Schüler Zigong das Traumbild und fragt sich noch, wer wohl nach seinem Tod weiter die Lehren befolgt. Dann legt er sich nieder, um nach sieben Tagen zu sterben.[70]

Vom Berichtigen der Namen

Der rückwärts gewandte Blick ist das Leitmotiv im Leben des Konfuzius. Als Lernender studierte er das Erbe der Vergangenheit und beklagte, nicht mehr oder bessere historische Quellen konsultieren zu können.[71] Als Reisender suchte er in Louyang nach der Größe des Einstigen und später nach einem Herrscher, der es wieder wirksam werden ließ. Seine Schule lehrte Werte und Sitten der Vorzeit, damit der Mensch zu den Li, tradierten Formen und Normen des Altertums, zurückkehre.[72]

Die grundlegend retrospektive Orientierung unterscheidet Konfuzius von den beiden anderen großen Gestalten am Beginn eurasischen Philosophierens. Gautama strebte nach Gegenwärtigkeit. Der Mensch sollte als reiner Beobachter des Moments weder an Gewesenem haften noch auf die Zukunft hoffen. Freiheit lag im Jetzt, als Brennpunkt aller Vergangenheit und Zukunft erfahren. Sokrates hinterfragte radikal jedes Überkommene. Das Vakuum, das er den ihrer Sicherheit Beraubten schuf, ließ sich nicht mit bekannten Positionen füllen. Fragen, das noch keine Antwort fand, wird zu nie endendem Forschen und lenkt den Blick in die Zukunft.

Rückkehr zur Größe des Altertums: Ritualgefäß der Shang-Zeit, 12./11. Jahrhundert v. u. Z.

Mit ihren Haltungen zur Zeit verkörpern Gautama, Sokrates und Konfuzius Charakteristika ihrer Kulturkreise. In Indien wirkte ein zyklisches Weltbild. Jeder Moment war in ewiger Wiederkehr des Gleichen so oder ähnlich schon ungezählte Male da. Vor solchem Hintergrund gibt es weder Altes noch Neues. Jeder Augenblick kann als Ursprungs-, Gegenwarts- und Zielpunkt gelten. Entsprechend umschließt während langer Perioden der Geschichte des Subkontinents die jeweilige Gegenwart ein Neben- und Miteinander verschiedener Entfaltungsstufen.

Den Weg Europas, das Antworten in der Zukunft suchte, kennzeichnet Entwicklung und Erweiterung. Das Vakuum führte zum Drang, stets zeitlich wie räumlich über sich hinauszugehen. Das Fortschrittsdenken der Moderne hängt hiermit ebenso zusammen wie der Expansionstrieb von den griechischen Kolonisatoren und Alexander dem Großen über das Römische Imperium bis zu neuzeitlichen Kolonialreichen.

Auch der Himmel der Zhou überspannt die ganze Erde, weshalb China im Himmelssohn zwar seine Mitte, doch keine festen Außengrenzen besitzt. Zudem sind «alle Menschen zwischen den vier Meeren Brüder»[73], wie Konfuzius' Schüler Zixia sagte. Trotzdem blieb China über weiteste Strecken seiner Geschichte auf sich konzentriert. Wichtiger als Expansion war die Suche nach der Mitte im Reflektieren eigener Tradition und Vergangenheit. Die retrospektive Orientierung dominierte sogar dann, wagte man wie Mao Zedong den «Großen Sprung nach vorwärts». Mao, der 1939 seiner Partei empfahl, von Konfuzius wie von Marx oder Lenin zu lernen[74] und im Gedicht über sein berühmtes Schwimmen im Yangze-Fluss Konfuzius' Wort *Wie dieses Wasser fließt alles dahin*[75] zitierte, gestaltete auch mit seiner späteren Konfuzius-Kritik aktuelle Politik in historischer Retrospektive.

Konfuzius strebte nicht nach dem nie Dagewesenen. *Ich liebe das Altertum und ergründe es ernsthaft.*[76] Gewesenes ist Ausgangspunkt wie Ziel gegenwärtigen Strebens. Er wollte in der Vergangenheit Vorgegebenes erfüllen, nicht Gegebenes erweitern, sondern es seiner Vorgeschichte gerecht werden lassen. Wie die Größe des Einstigen der Gegenwart ein Beispiel ist, würde sie nach ihrer Wiederherstellung an nur einem Ort der ganzen Welt zum Vorbild. Das Merkmal des guten Lehrers ist, Altes zu kennen und

Mao Zedong
im Yangze-Fluss:
«Wie dieses
Wasser fließt
alles dahin.»

sich auf Aktuelles einzustellen[77], wodurch er als Brücke zwischen Tradition und Gegenwart dient.

Freilich wird Vergangenes nicht an sich verherrlicht. Es geht nicht um beliebiges Früheres, sondern die spezifische chinesische Vorzeit, in der Harmonie verwirklicht war. Sie wird zum Thema, weil die Gegenwart dem Vergleich mit der Vergangenheit nicht standhält und die Kluft zwischen beidem schmerzhaft wahrgenommen wird. Besonders die politischen Verhältnisse lassen diese deutlich empfinden. Der Sohn des Himmels, der dessen Mandat besitzt, hat eingeborenes Wissen, das nicht durch Lernen erworben werden muss.[78] Wäre das Reich geordnet, dann ginge politisches, kultisches und militärisches Handeln von ihm aus. Kommt statt seiner den Landesfürsten de facto höchste Autorität zu, ist der Niedergang sicher, und *es wird selten vorkommen, dass ihre Macht nicht nach zehn Generationen verloren geht.* Liegt die Staatsgewalt dann bei den mächtigen Adelsfamilien, können diese sie kaum länger als fünf Generationen halten. Bestimmen schließlich niedere Beamte die Geschicke des Landes, währt es selten mehr als drei Generationen.[79] Da in Lu die Macht vor fünf Generationen vom Fürsten auf die mächtigen Familien überging, sah Konfuzius deren Tage gezählt.[80]

Sein Streben richtete sich auf das unerreichbare Ziel, den Himmelssohn wieder mit Macht auszustatten, ihm ging es darum, zur Ordnung der Verhältnisse in einem Teilstaat beizutragen. Wäre das Angemessene an einem Ort verwirklicht, würde es rasch zum Maß aller werden. Die Werte der Vorzeit standen in der Gegenwart in falschem Kontext. Die Adelsfamilien maßten sich mit der Macht, die ihnen nicht zustand, das Ritual der Zhou-Dynastie an. In Lu wollte er Teilen des großen Opfers nicht mehr zusehen, die nicht dem Landesfürsten, sondern dem Kaiser zustanden.[81] Er kritisierte: Welchen Sinn hat ein kaiserlicher Opferhymnus, in dem es heißt, der Sohn des Himmels leite die Feier, im Ahnentempel des Provinzadels?[82] Ein Zeremoniell, bei dem es um die Vorfahren der Kaiserfamilie geht, kann nur von deren Nachkommen ausgeübt werden. *Es ist Schmeichelei, anderen als den eigenen Ahnen zu dienen.*[83] Das Haupt der Familie Ji wollte dem heiligen Berg Tai opfern, was nur dem chinesischen Herrscher zustand.[84] Was ist vom Haus Ji noch zu fürchten, begnügt es sich bei Zeremonien nicht mit der ihm zustehenden Zahl von Kultdienern, sondern imitiert in seinem Tempel den großen Ritus der Kaiserfamilie?[85]

Eine Episode aus «Kongzi jiayu» illustriert des Meisters Reaktion auf die anmaßende Haltung. Er hielt sich im Hause Ji auf, als ein Diener meldete, der Landesfürst wünsche, dass ihm ein Pferd «verliehen» werde, und fragte, ob man es ihm geben soll. Noch ehe das Haupt des Hauses antwortete, sprach Konfuzius: *Ich habe gehört, wenn der Fürst etwas von seinen Untertanen nimmt, das nennt man annehmen, wenn er seinen Untertanen etwas gibt, das nennt man gewähren. Wenn der Untertan von seinem Fürsten etwas entgegennimmt, das nennt man sich verleihen lassen, wenn er dem Fürsten etwas gibt, das nennt man darbringen.*[86] Beschämt musste der Hausherr anordnen, dass man es künftig nicht mehr Verleihung nennen darf, wenn man dem Fürsten von diesem Gewünschtes darbringt.

Dieses Beispiel zeigt, wie die politische Unordnung für Konfuzius eine subtilere Dimension besaß, die in der Sprache erkennbar wird. Ein zentrales Motiv seines Denkens ist das Verhältnis der Namen zu den Dingen. Begriffe entsprachen in der Gegenwart nicht mehr der Bedeutung der Vergangenheit. Hätte man Konfuzius die Regierung anvertraut, seine erste Maßnahme wäre das *Berichtigen der Namen* (zheng ming) gewesen. Denn *stimmen die Na-*

Tempel auf dem heiligen Berg Tai. Diesem Berg durfte im Altertum nur der Sohn des Himmels opfern.

men nicht, ist die Rede falsch. Ist die Rede falsch, schlägt das Handeln fehl. Schlägt das Handeln fehl, gelingen Sitten und Anstand nicht. Gelingen Sitten und Anstand nicht, treffen die Strafen nicht. Treffen die Strafen nicht, weiß das Volk nicht, was zu tun ist.[87]

Das Missverhältnis von Wort und Bedeutung lässt die Kluft zwischen Vergangenheit und Gegenwart offenbar werden. In der Vergangenheit gewachsene Bedingungen und gegenwärtiger Sprachgebrauch treffen einander nicht mehr. Beispielhaft kritisiert Konfuzius, dass man ein inzwischen rundes Gefäß noch mit demselben Wort bezeichnete, wie ein früher zu gleichen Zwecken verwendetes eckiges.[88] Die eingetretene Verwirrung zeigte sich auch in Wertungen. Inzwischen nannte man *es Schmeicheln, verhielt ein Mensch sich korrekt und pflichtgemäß*[89].

Dem Problem der Wortbedeutungen kommt damit ein ethischer Aspekt zu. Stand früher selbstverständlich fest, was richtig und falsch war, musste dies inzwischen wie von Zichan in Zheng schriftlich fixiert werden. Doch schaffte die Kodifizierung des Rechts keine grundlegende Klarheit. Menschen prozessierten gegeneinander. Nicht immer siegte die Wahrheit, sondern oft die Beredsamkeit. Berüchtigt als Spieler mit Worten war zur Zeit des Konfuzius der Advokat Deng Xi, der in Zheng wirkte. Er liebte es, Streitende gegeneinander auszuspielen. Das Buch «Lushi chunqiu» berichtet einen typischen Fall: Ein Mann fand einen Ertrunkenen aus reicher Familie und verlangte von dieser einen hohen Preis für die Leiche. Deng Xi beruhigte die Familie: «Außer euch kann er die Leiche keinem verkaufen.» Zugleich redete er dem Finder zu: «Sie können die Leiche nur bei dir kaufen.» Indem durch Deng Xis Wirken wahr und falsch, Recht und Unrecht verschwammen, geriet der Staat in Verwirrung, was Zichan veranlasste, den Anwalt hinrichten zu lassen. Für Konfuzius sind Rechtsstreite das Muster einer Konfusion der Worte. Verbänden Kontrahenten mit einem Wort dieselbe Gegebenheit und wären so einig, was richtig und falsch, Schuld und Unschuld bedeuten, könnten sie nicht darum streiten. Wichtiger als das richtige Entscheiden eines Prozesses sei, *dass es nicht erst zum Rechtsstreit kommt*[90].

Das Spielen mit Worten und das Neuinterpretieren von Begriffen birgt einen Angriff auf das feste Wesen der Dinge, den auch Daoisten führten, die sich weniger praktischen Fragen als dem

Subjekt und seinen Sicherheiten zuwandten. Was hier wohl schon zur Zeit des Konfuzius empfunden wurde, fand später Niederschlag im Buch «Zhuangzi»: «Einst träumte Zhuangzi, er sei ein Schmetterling. Frei und glücklich flatternd, wusste er nichts von Zhuangzi. Plötzlich aufgewacht, war er wieder voll und ganz Zhuangzi. Wie kann man wissen, ob Zhuangzi träumte, er sei der Schmetterling oder ob der Schmetterling träumte, er sei Zhuangzi?» Solcher Zweifel an der Identifizierbarkeit der Wesen und Dinge musste Konfuzius subversiv erscheinen. Wie wären geregelte Verhältnisse in Staat und Familie denkbar, wenn sich Eigenschaften, Besitz und Verantwortung nicht mehr klar zuschreiben lassen? Dem *Berichtigen der Namen* kommt neben der ethischen und praktischen implizit eine metaphysikkritische Komponente zu: Nichts kann «eigentlich» anders sein, als es konkret gegeben ist. Kein wahres Wesen verbirgt sich hinter falschem Schein. Wer Böses tut, ist böse und nicht «im Grunde» gut, wie ein rundes Gefäß nicht «eigentlich» eckig sein kann.

Der erste Schritt eines nach Konfuzius' Programm erfolgreichen Regierens besteht daher im *Berichtigen der Namen.* Der Fürst muss sicherstellen, dass *der Herrscher Herrscher, der Diener Diener, der Vater Vater, der Sohn Sohn sei* [91].

Aus dieser Aussage wurde oft plump geschlossen, Konfuzius ginge es um das Fixieren der Herrschaftsform einer hierarchischen Gesellschaft. In der Tat ließ sich die retrospektive Orientierung, isoliert man sie aus dem bei Konfuzius gegebenen Kontext, leicht im Sinn eines Stabilisierens jeweils überkommener Macht- und Eigentumsverhältnisse missinterpretieren. Oft trifft die moderne Konfuzius-Kritik mehr solch einseitiges Auslegen während späterer Phasen der chinesischen Geschichte als den alten Meister selbst. Die hier bestehende Spannung erklärt auch die ambivalente Haltung Mao Zedongs gegenüber Konfuzius. Um dessen *Berichtigen der Namen* zu verstehen, hat man die Bedeutung von Herrscher und Diener, Vater und Sohn ins Kalkül zu ziehen. Es geht um kein Verhältnis, bei dem der Herrscher oder Vater willkürlich befehlen darf und der Untertan oder der Sohn folgen muss. Was der Name «Herrscher» bedeutet, ist durch die edlen Herrscher der Vergangenheit vorgegeben, die gewaltfrei regierten und durch ihr Vorbild inspirierten. Ein Tyrann auf dem Thron darf nicht «Herrscher» genannt werden, und seine Entmachtung kann für Konfuzianer gerechtfertigt und sogar geboten sein.

Auch was «Vater» und «Sohn» bedeuten, lässt sich an den guten Sitten des Altertums ablesen. Der Vater ist nicht einfach physischer Erzeuger, er hat die Pflicht, durch sein Beispiel den Sohn auf den rechten Weg zu führen. Das Versagen des Sohnes trifft ihn. Er kann nicht «eigentlich» Vater sein und auf damit verbundene Rechte pochen, wenn er mit dem Vater-Sein verbundenen Erfordernissen nicht genügt. Das «Kongzi jiayu» berichtet einen Fall aus der angeblichen Tätigkeit des Konfuzius als Rechtspfleger in Lu[92]: Ein Vater zeigte seinen Sohn an und wurde seinerseits von diesem verklagt. Konfuzius sperrte beide ein und ließ sie erst frei, als der Vater nach drei Monaten Haft seine Anzeige zurückgezogen hatte. Das Haupt des Hauses Ji kritisierte Konfuzius: «Der Oberrichter hält mich zum Besten. Erst sagt er mir, das Wichtigste in Staat und Familie sei die kindliche Ehrfurcht. Nun bot sich Gelegenheit, durch Hinrichtung eines einzigen unehrerbietigen Sohnes dem Volk Ehrfurcht zu lehren. Stattdessen lässt er ihn laufen. Was soll das nur heißen!»[93] Konfuzius hielt ihm entgegen, dass man nicht den Unteren bestrafen darf, wenn der Obere versäumte, Vorbild zu sein und angemessene Führung zu geben. Wurde die Armee besiegt, kann man nicht den einzelnen Soldaten zur Rechenschaft ziehen. Treten im Staat Missstände auf, liegt die Verantwortung zuerst bei

Ein rundes Gefäß kann nicht eigentlich eckig sein. – Zirka ein Meter hohes Ritualgefäß der Shang-Zeit (15. Jahrhundert v. u. Z.) zum Kochen von Fleisch beim Ahnenopfer

der Regierung, nicht beim Volk. Herrschende dürfen ihren Bürgern keine Strafen auferlegen, wenn sie diese durch übermäßige Forderungen zu Fehltritten verleiten, zureichende Belehrung versäumen und nicht vor die Strafe die Warnung stellen.

Das *Berichtigen der Namen* dient vor allem einem Klären, was Herrscher-, Bürger-, Vater- und Sohn-Sein oder andere Begriffe konkret aussagen. Erst wenn alles und jeder in seiner Bedeutung und den damit verbundenen Pflichten umschrieben ist, werden Belehrung und Warnung des Volkes möglich.

Indem Konfuzius die richtige Bedeutung der Namen durch das Studium des Altertums gewinnt, gelangt er nicht zu einem idealen Vater-Sein, das die vollkommene und unwandelbare Essenz der Sache im Sinn Platons hinter ihrer physischen Wirklichkeit annimmt. Das Altertum ist für Konfuzius kein Jenseitiges und nichts Fixes, sondern ein diesseitiger historischer Prozess, in dem *alles wie das Wasser dahinfließt*, in dem Dynastien wechselten und mit diesen Sitten und Bräuche. Das *Berichtigen der Namen* findet daher keine abgeschlossene Definition des Wesens einer Sache, sondern nähert sich in konkreten Beispielen der Bedeutung. Was ein Sohn ist, der diesen Namen verdient, sagt sich nicht im abstrakten Merksatz, sondern dadurch, wie er sich zu den Eltern verhält, was er für sie tut und wie er um sie trauert. So stellt auch das Altertum keine Lösungen bereit, die vom eigenen Nachdenken entbinden.

Die Größe und Kultiviertheit des Zhou-Reiches liegt für Konfuzius darin, dass es das Erbe der Geschichte bejahte, indem es auf den beiden vorangegangenen Dynastien aufbaute[94], weshalb es keine Monokultur wurde. Weil nie etwas vollkommen ist und auch die großen Herrscher des Altertums Fehler machten, bietet die Vergangenheit keine simplen Rezepte. Es bedarf des Auswählens vom Standort der Gegenwart aus und damit pragmatischen Denkens. Als Yan Hui nach Leitlinien des Regierens fragte, griff Konfuzius daher auf das Erbe verschiedener Dynastien und Stämme zurück: *Dem Kalender der Xia folgen; im Wagen der Yin [Shang] fahren; den Zeremonialhut der Zhou tragen; der Musik des [Kaisers] Shun folgen; die Zheng-Musik verbieten, […] denn sie erhitzt das Gemüt.*[95]

Für jede Entscheidung gibt es durch Erwägen gewonnene Gründe. Der Kalender der Xia beginnt im Unterschied zu anderen mit dem Frühling, womit er dem Lauf der Natur und damit den

Rhythmen der Wirklichkeit entspricht. Der Staatswagen der Shang-Dynastie ist bescheidener als andere Karossen, was dem Herrscher der Gegenwart besser ansteht. Für das Staatszeremoniell im Tempel ist Feierlichkeit angebracht, weshalb man die prächtigen Gewänder der Zhou verwenden soll. Bei der Musik, die harmonisieren und den Gemeinsinn stärken soll, sind solche Traditionen zurückzuweisen, die Aggressivität wecken und im militärischen Sinn aufputschen.

Stets müssen Abweichungen von der Tradition im Sinn der grundsätzlichen Anliegen des Konfuzius vertretbar sein: *Die Ritualvorschrift fordert einen Hut aus Leinen. Heute trägt man einen Seidenhut. Weil das sparsamer ist, entspreche ich dem heutigen Brauch. Die Ritualvorschrift fordert die Verbeugung am Fuß der Treppe zum Tempel. Heute verbeugt man sich erst nach dem Aufsteigen. Weil das anmaßend ist, entspreche ich dem heutigen Brauch nicht.*[96]

Um die der Gegenwart angemessene Auswahl aus dem klassischen Erbe zu treffen, bedarf es umfassender Bildung im unermüdlichen Studium des Altertums. Da korrekter Wortgebrauch entscheidet, kommt dem Kultivieren der Sprache hoher Stellenwert zu. Die Beschäftigung mit dem «Buch der Lieder» empfahl Konfuzius auch deshalb, weil man daraus *viele Namen der Vögel, Tiere, Pflanzen und Bäume*[97] erfährt. Kenntnis ihrer Bezeichnung und damit für den Lesenden ihrer Zeichen kommt einer Aneignung der Wirklichkeit gleich. Kann man in einer Lautschrift auch Namen, deren Sinn man nicht weiß, phonetisch lesen und dadurch über Dinge sprechen, die man nicht kennt, fordert die chinesische Schrift das Erlernen des Zeichens jedes spezifischen Objekts, jeder Tätigkeit oder Eigenschaft. Lesen zu lernen heißt in weitaus stärkerem Maß als in anderen Schriftsystemen, eine differenzierte Kenntnis der Welt zu gewinnen. Deshalb entschied die Anzahl beherrschter Schriftzeichen später über die Stellung, die ein Mensch in der Verwaltungshierarchie einnahm. Obwohl der nach Konfuzius' Verständnis edle Mensch viele Namen und deren richtige Bedeutung kennt, soll er nicht viele Worte machen. Am liebsten hätte Konfuzius geschwiegen und nur durch sein Beispiel gelehrt. Nach seiner Äußerung *Ich will nicht sprechen* war der Schüler Zigong bestürzt: «Was können wir festhalten, wenn der Meister schweigt?» Konfuzius antwortete: *Redet denn der Himmel?*

Vier Jahreszeiten wechseln, Dinge entstehen und werden. Redet denn der Himmel?[98] Die metaphysikkritische Tendenz, die sich im *Berichtigen der Namen* zeigte, wird auch hier deutlich. Wörter bringen die Wirklichkeit auf eine andere Ebene, heben sie vom unmittelbar Gegebenen ab. Kein Wort kann darum im Sinn tiefster Wahrhaftigkeit das Tatsächliche fassen.

In einer Zeit, in der die Sprache einem Deng Xi dazu dient, die Menschen zu verwirren, steht für Konfuzius konkretes Tun über dem Wort: *Der Edle schämt sich, übertreffen seine Worte seine Taten.*[99] Und damit befindet er sich im Einklang mit dem Altertum. Damals gab es keine Inflation der Worte. Die Menschen waren wortkarg, weil sie fürchteten, ihren eigenen Aussagen nicht zu genügen.[100] Redegewandtheit hielt Konfuzius für eine durchaus verzichtbare

«Redet denn der Himmel? Vier Jahreszeiten wechseln. Dinge entstehen und werden. Redet denn der Himmel?» – Jadescheibe als Symbol der Harmonie des Himmels. Zhou-Epoche, 4. Jahrhundert v. u. Z.

Die Lehre des Konfuzius «ist als Philosophie gar kein eigentlicher, selbständiger Ausdruck, sondern das abstrahierte System einer gelebten oder zu lebenden Wirklichkeit; man muß Kung Fu-Te's Wort als Fleisch verstehen, oder als Hinweis auf vorhandenes Fleisch. Dann freilich nimmt sich die Lehre ganz anders aus, erscheint sie durch Abgründe geschieden von der Moralphilosophie unseres 18. Jahrhunderts, welcher sie äußerlich so ähnlich sieht; dann freilich hat es wenig zu bedeuten, daß die Gedanken als solche nicht tief sein mögen […].»

Hermann Graf Keyserling: Das Reisetagebuch eines Philosophen (1919)

Eigenschaft.[101] Warum soll man eine simple Botschaft kunstvoll einkleiden? *Beim Sprechen kommt es einzig darauf an, sich verständlich mitzuteilen.*[102]

Unter diesem Gesichtspunkt ist es konsequent, wenn «Lunyu», die älteste Quelle für Konfuzius' Lehre, keine geschliffenen Dialoge wie jene des Sokrates oder ausführliche Reden wie jene Gautamas enthalten, sondern knappe Aphorismen, die nicht abstrahieren, sondern im konkreten Beispiel bleiben. Wenn der Meister seiner eigenen Lehre genügte, muss er wortkarg gewesen sein. Ein großes Kompliment machte Konfuzius seinem Schüler Min Ziqian: *Dieser Mensch spricht selten. Doch wenn er spricht, trifft er.*[103]

Der lernende Edle

Dem Pädagogen Konfuzius lag an der Bildung eines Menschen, den er einen *Edlen* (*junzi*) nannte. Bezeichnete dieses Wort ursprünglich den Sohn aus adliger Familie, spielte in der Schule des Konfuzius aristokratische Abkunft keine Rolle mehr. Hier kannte *Lehren keine Standesunterschiede*[104]. Dass jeder Veredelung suchen konnte, hing mit der durch die Krise der Gesellschaft gestiegenen Bedeutung des Subjekts zusammen. Traditionell wurden einzig zum Herrschen bestimmte Hochgeborene dazu erzogen, die Welt über ihre persönliche Sphäre hinaus zu überblicken und zu gestalten. Jeder andere verwirklichte sich in den Grenzen seiner Familie, seines Dorfes und Gewerbes, wobei die Li seinen spezifischen Ort im sozialen Ganzen bestimmten.

Die Brüche in diesem vormals Selbstverständlichen und damit verbundene Unsicherheiten der Epoche des Wandels warfen den Einzelnen stärker auf sich. Als Subjekt (ji, shen) war er nicht Teil des Ganzen, sondern über dieses erhoben. Glich er in der scheinbaren Autonomie solchen Darüberstehens zwar einem Herrscher, besaß er doch nicht dessen Möglichkeit und empfand Unbehagen am machtlosen Wahrnehmen seines Selbstseins.

Weil das seiner gewahr werdende Selbst sich verwirklichen wollte, war eine Begleiterscheinung der neuen Subjektivität der Egoismus. Eigenschaften wie Habsucht, Geltungsdrang und Geiz verstärkten sich oder wurden zumindest stärker wahrgenommen. Früher, klagte Konfuzius wehmütig, spiegelte ein Autor noch nicht vor, alles zu wissen, denn *er ließ Lücken im Text*, wo er der Tatsachen nicht sicher war, *und wer ein Pferd besaß, ließ auch andere reiten. Heute findet man Derartiges nicht mehr.*[105] Wertete der Einzelne seine Bedeutung und sein Eigentum übermäßig, entsprach dies der für Konfuzius durch Machtanmaßung geprägten politischen Situation im Reich. Wie Teilstaaten gegeneinander kämpften und die einflussreichen Familien um die Führung rangen, trübten auf alltäglicher Ebene Partikularinteressen die Harmonie des Ganzen. Die Situation rief unterschiedliche philosophische Reaktionen hervor. Legalisten wollten gerade den Egoismus für den Einklang von Einzel- und Gesamtinteresse nutzen, indem die Herrschenden das Volk durch Belohnen und Strafen auf erwünschte Bahnen lenken sollten. Daoisten bejahten ein nicht egoistisches Subjektsein, sahen jedoch keine Möglichkeit, dieses mit der sozialen Wirklichkeit zu versöhnen, die den rechten Weg (dao) verlor. Verließen einzelne Daoisten die Gesellschaft, erstrebten sie die Einbettung in das umfassende Ganze der Natur, deren Rhythmen immer mit dem Dao übereinstimmen. Damit verband man zuweilen Unsterblichkeitsideen: Wer sich vollkommen mit der Natur vereint, erlangt körperlich ewiges Leben.

Für Konfuzius war ein erlösender Sprung undenkbar, der die Zivilisation, als deren Erbe und Träger er sich sah, umging und direkt auf die Harmonie zielte. Daoistische Kritik, er hielte sich nur von einzelnen Üblen fern, obwohl es besser sei, der verkommenen sozialen Wirklichkeit ganz den Rücken zu kehren, kommentierte er: *Mit Vögeln und anderem Getier kann ich nicht leben. Mit wem sollte ich beisammen sein, wenn nicht mit den Menschen?*[106]

Weder die Flucht aus der Gesellschaft noch den in ihr herrschenden Egoismus akzeptierend, propagierte Konfuzius den Weg des Edlen. Der Edle überwindet zwar im *Kultivieren des Subjekts* (*xiu ji*) die mit dem Selbstsein erwachende Egozentrik, doch bejaht zugleich sein Ich und dient als Mitwirkender an der Regierung und an der öffentlichen Verwaltung oder schlicht im Erfüllen familiärer Pflichten der Gemeinschaft. Der Weg des Selbst-Kultivierens ist so die bewusste Reintegration des gesonderten Subjekts in das soziale Ganze. Der Mensch kann nicht in einen präreflexiven Zustand zurück, in dem die Li sein Handeln quasi automatisch leiten, wie das Tier instinktiv im Einklang mit dem rechten Weg der Natur lebt. Nach Konfuzius muss er sein Subjekt annehmen, im damit verbundenen Reflektieren jedoch zugleich eine Rücknahme der Konzentration darauf vollziehen. Dennoch bleibt der Edle ein autonomes Subjekt; wenn er nicht darunter leidet, verkannt zu werden[107], oder ein Leistungsstreben überzieht, will er würdig sein, dass man sich seiner nach dem Tod erinnert.[108]

Dem Stil seines Lehrens gemäß schreibt Konfuzius die Natur des Edlen nicht in einer Definition fest. Viele Aphorismen, die im Konkreten bleiben, zeigen am Beispiel, wie sich das veredelte Subjekt vom egozentrischen Subjekt des unkultivierten *niedrigen Menschen* (*xiaoren*) oder des Gewöhnlichen unterscheidet. *Der Edle fordert von sich; der Gewöhnliche fordert von anderen.*[109] Bleibt der Durchschnittsmensch am Profit orientiert, richtet sich der Edle danach, was er als *Pflicht* erkennt.[110] Als Zilu fragte, ob Mut die höchste Tugend des Edlen sei, sprach Konfuzius: *Dem Edlen steht die Pflicht über allem,* denn Mut ohne Pflichtbewusstsein macht Beamte zu Rebellen und Bürger zu Räubern.[111] Der Edle sucht den weiten Überblick, was seinem Streben entspricht, seine Vereinzelung zu überwinden, um sich in das soziale Ganze zu integrieren.

Das Studium der Literatur als Vorbereitung auf die Beamtenprüfung. Malerei 18. Jahrhundert

Weil er sich nicht in Details verliert, darf er mit großen Aufgaben betraut werden. Der Gewöhnliche konzentriert sich auf Kleinigkeiten, weshalb er nicht für Funktionen verwendbar ist, die Übersicht verlangen.[112] Weder um Anerkennung noch um anderer Gründe willen lässt sich der Edle gegen die Einsicht in seine Pflicht als Werkzeug anderer benutzen.[113] Allem voran will er wahres *Menschlichsein* üben. Dieses galt Konfuzius als höchster Wert. Beherrschte man vollends die Li und die Musik, nützte es ohne Menschlichsein doch nichts.[114] Ohne es erträgt man kein Glück oder Leid über längere Zeit[115], vermag weder zu lieben noch zu hassen.[116]

Doch ist verwirklichtes Menschlichsein nirgends anzutreffen. Konfuzius beklagte, er kenne niemanden, der Menschlichsein liebe und Unmenschlichsein verabscheue. *Es mag solche geben, doch ich sah noch keinen.*[117] Von Yan Hui, seinem besten Schüler, sagte er, dieser sei einmal drei Monate lang nicht vom Menschlichsein abgewichen, während es andere nur viel kürzere Zeit schafften.[118] Dieses Moment der Unerreichbarkeit oder zumindest Unhaltbarkeit des höchsten Gutes weist wiederum auf die pointierte, nicht-metaphysische Grundhaltung im Denken des Konfuzius.

Menschlichsein ist kein Ziel, das, einmal gewonnen, jenseits des konkreten Lebens steht und dieses lenkt. Vielmehr muss es in jeder Alltagssituation und unter neuen Gegebenheiten adäquat verwirklicht werden. Es ist Leitmotiv des Selbstkultivierens, gleicht einer Vision, die dem Edlen inspirierend vor Augen steht. Jeder auf es hin orientierte Schritt aktualisiert Menschlichsein. Darum findet sich in «Lunyu», dessen zentraler Begriff es ist, keine vom Beispiel getrennte Definition. Menschlichsein existiert nie losgelöst von den Bewegungen des konkreten Daseins. Den um es ringenden Edlen verstand Konfuzius vor diesem Hintergrund als Lernenden, der niemals auslernen kann.

Im Begriff des Lernens (xue) verschmelzen der Zugewinn an Kenntnissen und die sittliche Besserung zu einem Prozess: *Vieles hören, das Gute wählen und umsetzen, vieles sehen und bewahren.*[119] Einmal besteht dieser Prozess im unermüdlichen Erwerb von Wissen und Fertigkeiten aus dem Erbe der klassischen Kultur. Sodann geht es um deren Anwenden in einem auf Menschlichsein orientierten Leben. Ein Unterschied zwischen Theorie und Praxis existiert dabei nicht. Bildung beginnt beim Verhalten in Familie und Gesellschaft: *Ein junger Mensch soll im Haus ehrfürchtig gegenüber den Eltern sein; in der Welt begegne er anderen achtungsvoll und mit Liebe wie älteren Brüdern und sei den Menschlichen verbunden. Bleibt ihm daneben noch Kraft, widme er sich dem Studium der Klassiker.*[120] Auch Literatur, Musik, Lyrik und Bogenschießen dienen unmittelbar charakterlicher Formung. Leben und Lernen werden dem Edlen zur Einheit. Indem sein Lernen weder nach materiellem Gewinn noch auf Ansehen zielt, gleicht er den Studierenden des Altertums, die *für sich selbst lernten; heute lernt man, um andere zu beeindrucken*[121].

Gewann Konfuzius Befriedigung aus solchem Lernen und übenden Anwenden (xi) um der eigenen Veredelung willen[122], so erschien dies manchem Schüler als hart. Der als zaghafter Charakter geschilderte Ran Qiu sprach: «Nicht dass ich die Lehre des Meisters nicht schätze. Aber meine Kraft reicht nicht dafür.» Konfuzius antwortete: *Reicht die Kraft nicht, bleibt man auf halber Strecke zurück. Du machst dich gar nicht erst auf den Weg.*[123] Sogar Zeng Shen, der selbst als Meister in der Schule des Konfuzius galt, seufzte: «Der Lernende braucht ein weites Herz und starke Ausdauer auf dem langen Weg harter Pflicht. Die Pflicht des Menschlichseins, ist sie nicht schwer? Erst im Tod endet dieser Weg, ist er nicht weit?»[124]

Dass man lernend an kein Ziel gelangt, niemals genug erfährt, galt auch für Konfuzius. *Was Kenntnisse betrifft, stehe ich keinem nach, doch habe ich im Tun die Stufe des Edlen noch nicht erreicht.*[125] Der Meister lernte unausgesetzt und war immer auf der Suche nach Lehrern. *Bin ich mit drei Menschen zusammen, finde ich sicher einen Lehrer. Gutes suche ich und folge ihm; Schlechtes mache ich besser.*[126] Traf er jemanden, «der gut sang, ließ er sich wiederholen, um dann selbst mitzusingen»[127]. Lernen bildet die Grundstimmung im Leben des Edlen. Wer es liebt, stellt alles dafür zurück. Er muss sich weder satt essen noch verlangt er nach komfortabler Wohnung.[128] Doch fand sich auch unter Konfuzius' Schülern diese Neigung selten in letzter Konsequenz: *Wenige gibt es, die drei Jahre lernen, ohne nach dem Einkommen zu fragen.*[129]

Man darf über dem, was man weiß, nie vergessen, wie viel man nicht weiß.[130] Der Schüler soll lernen, als hätte er gar nichts erreicht, und zugleich furchtsam sein, er könnte alles wieder verlieren.[131] Gleich, wie viel er schon kann, muss er in Bewegung bleiben. Wer wenig erreicht hat, doch beständig hinzufügt, ist dem überlegen, der viel erlangt hat, aber erlahmt: *Ist ein Hügel fast aufgeschüttet und nur ein Korb Erde bleibt stehen, ist dies Stillstand. Ist gerade erst ein Korb Erde hingeschüttet und man müht sich weiter, das ist Fortschreiten.*[132] Doch genügt es nicht, das ganze «Buch der Lieder» auswendig zu können, wenn es an selbständiger Umsetzung der Bildung in der Praxis mangelt.[133]

Müßiggang ist ein großer Feind des Lernens. Ein Schüler, der sein Essen genießen konnte, obwohl er kostbare Zeit in Untätigkeit verrinnen ließ, galt Konfuzius als aussichtsloser Fall. Besser man beschäftigt sich mit einem anregenden Brettspiel, als überhaupt nichts zu tun.[134]

«Besser ein anregendes Brettspiel als gar nichts tun!» (Lunyu XII, 22) Steinernes Liubu-Spielbrett aus dem nordchinesischen Zhongshan-Reich, 414 bis 296 v. u. Z.

Lernen heißt, sich an anderem relativieren, im Hören und Studieren sich selbst zurücknehmen, um als Wissender und Könnender in Frage zu stehen und sich als Gegenwärtiger am Erbe des Altertums immer neu in Frage zu stellen. Über Yan Hui sagte Konfuzius, er konnte einen ganzen Tag zuhören, ohne zu widersprechen. Dabei sei er kein Dummkopf gewesen, sondern immer gleich um Umsetzung bemüht.[135]

Zwar ist *Lernen ohne Denken zwecklos;* doch ist *Denken ohne Lernen gefährlich.*[136] Liegt das Schwergewicht der Lebensgestaltung auf eigenem Denken statt dem Lernen, verfängt sich das Subjekt leicht in sich. Durch scheinbar autonome Reflexion gefundene Lösungen können die Egozentrik stärken. Darum meinte der Meister: *Tag und Nacht habe ich schon nachgedacht, nicht gegessen und nicht geschlafen. Es war vergeblich. Lernen ist besser.*[137]

Reflektieren wird beim aufrichtigen Überprüfen des eigenen Tuns und Redens notwendig. Wesentlich beim Lernen des Edlen ist die Selbstkritik (xing shen), ein Erforschen des Inneren (nei xing), das bis zur Selbstanklage führt. Jeder Kontakt mit anderen kann hierzu Anlass geben: *Begegnet man einem Würdigen, versuche man, ihm gleich zu werden, begegnet man einem Unwürdigen, gehe man prüfend in sich.*[138] Wie die Konfrontation mit dem Vorbild den Edlen anspornt, so führt sie ihn bei dem, was als abschreckendes Beispiel scheint, nicht zur Distanzierung als vermeintlich Höherer, sondern zur Suche, was ihm selbst an solchen negativen Potentialen innewohnt. Allerdings ist diese Haltung rar und Konfuzius klagte: *Noch sah ich keinen, der seine Fehler erkennt und sich selbst kritisiert.*[139]

Zeng Shen formulierte das Grundmuster konfuzianischer Selbstkritik: «Täglich prüfe ich mich dreifach. War ich aufrichtig zu anderen? Stand ich Freunden gegenüber zu meinem Wort? Setzte ich Gelerntes um?»[140] Konfuzius lehrte, man erkenne einen Menschen an seinen Fehlern.[141] Nicht worin er dem rechten Weg entspricht, ist typisch für ihn, sondern das Abweichen davon offenbart seinen Charakter. Diese Einsicht macht sich die Selbstkritik zunutze. Nicht wie ich der Pflicht zur Aufrichtigkeit, gegebenen Versprechen und den Anforderungen meiner Kenntnisse und Fähigkeiten genüge, sondern welche Widerstände und Ausreden dies nicht gelingen lassen, gewährt mir die zur Veredelung notwendigen Erkenntnisse über mich.

Die Selbsterforschung führt zu innerer Freiheit. Als Sima Niu wissen wollte, woran man den Edlen erkenne, antwortete der Meister, dieser sei *frei von Kummer und Angst, [...] denn prüft einer sich selbst, ohne Übles zu finden, was sollte ihn bekümmern oder ängstigen?*[142] Doch bedeutet diese Freiheit von Üblem nicht, man wäre fehlerlos. Machtgelüste, Angeberei, Hass und Gier zu besiegen, sei zwar schwierig, aber nicht unbedingt menschlich, meinte der Meister.[143]

Der strebende Edle ist, weil er nie ans Ziel gelangt, kein vollkommenes oder makelloses Wesen. Triebe und Neigungen übermannen ihn, er schätzt Dinge falsch ein, fällt seiner Unkenntnis zum Opfer. Sein Wunsch zur Besserung unterscheidet ihn vom gewöhnlichen Menschen, der seine Fehler «verziert», also beschönigt oder vor sich und anderen rationalisiert.[144] Nicht der Fehler an sich ist das Problem, sondern allein die mangelnde Bereitschaft zur Korrektur. *Einen Fehler begehen und sich nicht bessern, erst das ist echtes Fehlen.*[145] Gleichgültig, ob andere positiv oder negativ auf das eigene Tun reagieren, dies muss zur Reflexion auf dem Weg der Veredelung führen. *Wer sich am Lob freut, ohne es als Ansporn zu nehmen, wer dem Tadel zustimmt, ohne sich zu bessern, was soll ich mit dem?*[146]

Andererseits dürfen Selbstkritik und Reflexion keine Ausrede werden, nicht zur Tat zu schreiten. Als er von jemandem hörte, er überlege jede Handlung zuvor dreimal, meinte Konfuzius: *Zweimal genügt schon.*[147] Allerdings gibt es beim Lernen, Üben und selbstkritischen Überprüfen keinen für jeden Menschen geeigneten Plan oder Rhythmus. Als Zilu den Meister fragte, ob er Gelerntes sofort umsetzen solle, riet dieser zur Langsamkeit, denn er habe Rücksicht auf seine Eltern und Geschwister zu nehmen. Ran Qiu erhielt auf die gleiche Frage etwas später die Antwort, er müsse Erfahrenes sofort ausführen. Ein dritter Schüler hörte beides und fragte verunsichert, ob man nun sofort ans praktische Ausüben gehen sollte oder nicht. Konfuzius antwortete: *Ran Qiu neigt zum Zögern, darum treibe ich ihn an. Zilu ist ein Draufgänger, darum mäßige ich ihn.*[148] Wie in allen Aspekten seiner Lehre kennt die pädagogische Methodik keine abstrakten Prinzipien, sondern stets anders geartete Einzelfälle.

Konfuzius wusste, dass nicht jeder viel versprechende Schüler auf dem Weg der Veredelung bleibt. *Manches keimt und blüht; reift aber nicht.*[149] Doch besaß er grundsätzlich hohe Achtung vor den jungen Schülern und hoffte, sie würden es einmal besser machen als er. *Vor den Jungen muss man sich scheuen. Vielleicht werden sie uns in Zukunft übertreffen. Ist aber einer vierzig oder fünfzig geworden, ohne dass man etwas von ihm hörte, muss man ihn nicht scheuen.*[150] Irgendwann, so galt es Konfuzius, ist es zu spät, die Wandlung des Charakters zu beginnen: *Wer mit 40 Jahren unbeliebt ist, bleibt es bis zu seinem Ende.*[151]

Zwar gehört es zur Natur des Edlen, dass sein Menschlichwerden sich in politischem und gesellschaftlichem Wirken, dem Dienst für andere und das soziale Ganze umsetzt, doch dürfen sich damit keine egoistischen Interessen verbinden. Wer durch Lernen nach Ansehen, Reichtum oder Einfluss strebt, blockiert seine Veredelung. Der rechte Weg muss Selbstzweck sein, den einzuschlagen genügt, um dem Leben Erfüllung zu schenken. *Wer am frühen Morgen den rechten Weg fand, dessen Tod am Abend wäre nicht tragisch.*[152]

Darum braucht das Lernen des Edlen keine Anerkennung: *Mich macht nicht traurig, kennen mich die Menschen nicht. Mich macht traurig, wenn ich die Menschen nicht kenne.*[153] Er muss nicht unmittelbar an Staatsgeschäften beteiligt sein, denn jeder trägt durch sein Verhalten zur Gestaltung der Gesellschaft bei. Nicht nur der Minister, auch wer seine Pflichten gegenüber den Eltern erfüllt und brüderlich wirkt, regiert das Land.[154]

Auf die innere Freiheit, die Edle von Selbstbestätigung in großen Aufgaben unabhängig und so erst reif für jene Freiheit macht, weist die Episode einer Prüfung.[155] Der Meister forderte Zilu, Zeng Xi, Ran Qiu und Zihua auf, freimütig zu äußern, was sie wünschten, würden sie nicht mehr verkannt, sondern in hohe Ämter berufen. Zilu sah sich einen Staat regieren, den er trotz Hungersnot und mächtiger Feinde innerhalb dreier Jahre reformierte. Konfuzius lächelte über seine Antwort. Ran Qiu wollte in gleicher Zeit ein weites Gebiet wirtschaftlich zur Blüte führen, doch schränkte ein, man bedürfe eines Besseren, um zudem Riten und Künste zu festigen. Zihua sagte, er wünschte zu lernen, im Tempelritus und bei feierlichem Staatsakt festlich gekleidet als Helfer zu dienen. Dann fragte der Meister Zeng Xi. Dieser spielte ein Saiteninstrument, während die anderen sprachen, und wandte nun ein, seine Wünsche seien ganz andere. Von Konfuzius ermutigt, bekannte er schließlich: «Ich möchte im ausgehenden Frühling, wenn man leichte Gewänder trägt, mit Freunden im Freien baden, mich am kühlenden Lufthauch freuen und singend heimwärts ziehen.» Seufzend schloss sich der Meister dem Wunsch an. Später erklärte er sein Lächeln über Zilu: *Um einen Staat zu führen, bedarf es der Formen des Anstands, doch seine Worte waren unbescheiden.* Auch Ran Qiu, der sich demütig gab, erstrebte die Führung eines Staats. Doch Zihua, der bedeutendes Wissen über Riten und Formen besaß, zeigte sich zu bescheiden. Wollte er nur assistieren, *wer sollte dann als Leiter taugen*? Der Edle ist nicht anmaßend, doch um realistische Selbsteinschätzung bemüht, die seinen wahren Wert nicht mindert. Ob mächtig oder verkannt, freut er sich grundlegender Erfahrungen des Daseins wie Zeng Xi, der an Freundschaft, Natur und Singen dachte, als er sich einflussreich träumen durfte. Er musizierte, während sich die anderen Phantasien von Macht und Bedeutung hingaben.

Der Edle soll zu Ansehen und Reichtum kommen, wenn ein gut regiertes Land dies ermöglicht. In einem Staat im Einklang mit dem Dao sind Armut und schlechtes Ansehen schändlich, in einem solchen ohne Dao sind es jedoch Reichtum und gute Reputation.[156]

Darum zieht der Edle die Armut vor, bevor er vom rechten Weg abweicht und üblen Herrschern seine Fähigkeiten zur Verfügung stellt. Wer das Dao kennt, dem gleichen unter unrechten Bedingungen erworbene Reichtümer und Ehren *flüchtigen Wolken.* Er *kann mit einfachster Nahrung, nur Wasser zum Trinken und dem gebeugten Arm als Kissen glücklich sein* [157]. Hier galt Konfuzius Yan Hui als vorbildlich: *Eine Schüssel Reis, Wasser aus der Kürbisschale und eine arme Wohnung, andere hätten das nicht ausgehalten. Doch er blieb glücklich. Wie sittlich klug war er doch!* [158] Der Edle trägt, erfordern und erlauben es die Umstände, unter denen er wirkt, mit Würde die prunkvollsten Gewänder. Strebt jedoch ein Lernender nach dem rechten Weg, *schämt sich aber schäbiger Kleidung und simpler Nahrung* [159], galt er Konfuzius noch nicht zur Belehrung reif. Dem Edlen bleibt auf der Suche nach dem Menschlichsein nichts Menschliches fremd. Er will sich bewähren, wie auch die Umstände sein mögen. Wie sein Streben in Armut oder Reichtum ungebrochen bleibt, kann er in jeder Situation sozialen Lebens, aus dem er sich nie ausschließt, um Menschlichsein ringen. Er scherzt und weint, tanzt und trinkt, wobei er immer das Maß bewahrt. Saß Konfuzius mit den Menschen seiner Nachbarschaft beim Trinken, verließ er die Runde, wenn sich die Alten zurückzogen.[160] Der Edle zeigt Würde und Heiterkeit am passenden Ort, und beides schließt einander nicht aus. «Konfuzius benahm sich in seinem Dorf zurückhaltend und bescheiden, als könnte er nicht sprechen. Im Tempel und am Fürstenhof sprach er fließend und bedacht.» [161]

Auch bewahrt der Edle das gesamte Spektrum menschlicher Empfindungen, liebt und hasst, doch transformiert seine Gefühle in der Orientierung auf das Menschlich-

Der Edle freut sich an Freundschaft, Natur und Gesang, während andere an Macht und Bedeutung denken: Der Gelehrte genießt seinen Tag. Malerei des 13. Jahrhunderts

sein. Zigong wollte wissen, ob der Edle Hass kenne. Konfuzius bejahte: *Er hasst jene, die sich über die Fehler anderer auslassen; hasst Untergebene, die Vorgesetzte verraten; hasst Tapfere ohne Anstand; hasst jene, die sich trotz beschränkter Einsicht durchsetzen wollen.* Dann fragte er Zigong, wen er hasse. Seine Antwort: «Ich hasse, wer anderer Weisheit als eigene vorspiegelt; hasse jene, die Unbescheidenheit als Mut ausgeben; hasse jene, die persönliche Dinge anderer breittreten und sich dabei noch gut und aufrecht vorkommen.»[162] Zweifellos war und ist der Weg des konfuzianischen Edlen, der seinen Studien ergeben um sittliche Vollkommenheit ringt, keine Möglichkeit für alle Menschen. Abgesehen von ökonomischen Zwängen, die viele gar nicht zum Studium kommen lassen, fehlt manchem, dessen Lebensbedingungen den geeigneten Rahmen böten, aus welchen Gründen auch immer der Antrieb zu Studium, Selbstreflexion und Verbesserung seiner selbst. Insofern ist der Edle Angehöriger einer Elite und über das *gemeine Volk* erhoben, das man, wie Konfuzius meinte, *zum Gehorsam bringen, aber nicht zum Verständnis führen kann*[163]. Zeigt dies realistische Einsicht, dass nicht jeder über seine augenblickliche Befindlichkeit hinaus kann oder will, oder die Überheblichkeit einer Philosophie der herrschenden Klasse, wie einige Kritiker des Konfuzius im neuen China meinten?

Konfuzius wendet sich an jene, die sich im Hinblick auf eine Verbesserung des Ganzen selbst bessern wollen. Zumindest theoretisch kennt der Eintritt in diese Elite der Edlen keine Klassenschranken. Auch zwingt sie niemanden zur Aufgabe eigener Egozentrik, sondern setzt, was die Entwicklung der Gesellschaft betrifft, vor allem auf die Wirkung des Beispiels.

Das unterscheidet den Weg des Edlen von dem der Avantgarde der Arbeiterklasse, jener Elite, der viele moderne Kritiker des Konfuzius angehörten. Ihre Diktatur des Proletariats sollte das Ziel sozialer Entwicklung objektiv kennen und jeden in diese Richtung führen. Mit seinem Blick auf Künftiges, dem er Erbe und Augenblick unterordnet, steht der sozialistische Revolutionär in der Tradition sokratischen Denkens. Doch ist ihm im Unterschied zu diesem das Ziel nicht offen. Leicht verliert er heute die subjektive Ethik aus dem Auge, wenn er erst von einem objektiv kommenden Reich der Gleichheit endgültige Besserung des Einzelnen erwartet.

Das Wirken Mao Zedongs lässt bei aller Kritik am alten Meister immer wieder den Versuch erkennen, westliche Vorwärtsstrategie nach Marx und Lenin mit der konfuzianisch geprägten Tradition Chinas zu versöhnen. In einer nicht als einmalige Station, sondern als nie abgeschlossenen Lernprozess verstandenen Revolution sollte das ganze Volk in Bewegung bleiben. Stärker und ehrlicher als in europäischen Varianten des Marxismus betonte man Selbstkritik und ethische Besserung des Einzelnen. In der Kenntnis des Ziels und im Glauben an seine Erreichbarkeit war man jedoch für Unduldsamkeiten anfälliger als der konfuzianische Edle, der sein Scheitern einkalkuliert, annimmt und trotzdem nicht in den Forderungen an sich ablässt. Als Zilu einmal am Stadttor übernachtete, fragte der Torhüter nach seinem Weg. Auf die Antwort, er käme von Konfuzius, meinte der Wächter: «Ist das nicht jener, der weiß, dass es nicht geht, und es trotzdem macht?»[164]

Wie erzog dieser Erzieher wider besseres Wissen seine Schüler konkret zu Edlen? Die aphoristischen Texte und Gesprächsskizzen in «Lunyu» ermöglichen keine Rekonstruktion des Alltags in der Schule des Konfuzius. Auch jüngeres Material, das wie «Kongzi jiayu» Früheres spiegeln mag, gestattet nicht den de-

Der Meister mit Schülern unterwegs. Buchillustration, 16. Jahrhundert

taillierten Einblick in den Hergang des Unterrichts. Zumindest in Ansätzen bestand ein Lehrplan, die Existenz unterschiedlicher Fächer legt dies nahe. Wie viel Zeit und welcher Stellenwert einzelnen Gegenständen zukam oder ob es neben notwendigen Reihenfolgen – etwa vor dem Literaturstudium lesen oder vor dem Lenken des Wagens anspannen zu können – auch feste Abläufe gab, ist nicht ersichtlich.

Da Konfuzius in seinem Denken von unterschiedlich gearteten Einzelfällen statt von abstrakten Prinzipien ausging, dürfte kein allzu starr strukturiertes Vorgehen in seinem Unterricht bestanden haben. Dazu kam, dass die Schüler sich um Eltern und Verwandte kümmern sollten, und viele pendelten deshalb zwischen Tagen bei Konfuzius und solchen bei der Familie. Feste Klassenbezüge gab es daher wohl nicht. Auch befand sich durch die Ortswechsel des Meisters die Schule häufig auf Reisen. Doch Lernen war immer möglich. Gemeinsame Wege wurden zum Ort der Unterweisung, und viele überlieferte Belehrungen besitzen nicht den Charakter formellen Vortrags, sondern gehen von zufälligen Anlässen aus.

Die Gegenstände des Unterrichts erfassten den ganzen Menschen: Bogenschießen, Schwertführen und Wagenlenken bildeten den Körper aus, die Musik das Gefühl. Das Studium der Literatur prägte das Denken, das Erlernen der Li das Verhalten. Dabei spielte eines unterstützend ins andere. Indem die Beschäftigung mit der Musik *großzügig, weitherzig, einfach und echt*[165] macht, besitzt sie ethische Relevanz. Die Regeln der körperlichen Fertigkeiten disziplinieren die Bewegung des Leibes im Sinn der Li und waren allegorisch deutbar: Das Visieren des Ziels beim Bogenschießen, Agieren und Reagieren beim Schwertkampf und Richtunghalten beim Wagenlenken ließ Schlüsse auf das gesamte Verhalten zu.

Getreu dem Grundsatz, dass man in Gemeinschaft mit anderen immer einen Lehrer findet, musste der Schüler von Besseren lernen, also jene konsultieren, die schon tiefer in ein Fach eingedrungen waren: Wer sich gerne mit solchen aufhält, die weiser sind, schreitet voran, wer lieber andere belehrt, ist für Rückschritte gefährdeter.[166] Der Meister nahm für sich keine besonderen Errungenschaften in Anspruch, sondern nur unermüdlich nach dem Guten zu streben und andere entsprechend zu ermuntern. Er wollte mehr durch Vorbild als durch Worte lehren. Die Schüler hörten ihn musizieren, sahen ihn beim Essen und beobachteten, wie er sich stets um den Li gemäßes Verhalten bemühte. Das zehnte Kapitel in «Lunyu» schildert entsprechende Eindrücke. «Traf Konfuzius einen Trauernden, verhielt er sich auch würdevoll, handelte es sich um einen guten Bekannten. Erblickte er einen Blinden oder jemanden mit dem Hut des Hofs, benahm er sich äußerst zuvorkommend, sogar wenn er ihm oft begegnete. Sah er vom Wagen aus Menschen in Trauerkleidung, verbeugte er sich bis zur Querstütze hinab.» Eine Vielzahl kleiner Details prägte das von den Li bestimmte Alltagsverhalten des Konfuzius: «Bei plötzlichem Donner oder Windstoß wandelte sich seine Miene»[167], waren dies doch Zeichen des Himmels. «Rief ihn der Fürst, wartete er nicht das Anspannen der Pferde ab, sondern ging sofort voran.»[168]

Es gab Zeiten, in denen der Meister auf Fragen der Schüler antwortete und solche, in denen er sie prüfte. Immer wieder las er in ihrem Beisein aus den klassischen Texten, um Passagen zu interpretieren, die ihm aus der Situation heraus zum Anliegen wurden. Das «Buch der Lieder», das «Buch der Urkunden» und Texte über die Li waren seine bevorzugten Quellen.[169]

Die oft und oft zitierte Lyrik des «Buchs der Lieder» wird nicht nach formulierten Regeln der Exegese ausgelegt. Das Werk reflektiert in verdichteter Form das Fühlen früherer Generationen und wird als Erfahrungsschatz des Volkes ethisch interpretiert. Assoziativ schließen Konfuzius oder die Schüler aus ihrer Gegenwart auf eine Stelle des Werks oder eine solche wird bei der Lektüre als Spiegel einer Situation erkannt. Konfuzius wurde beim Studium von der sechsten Strophe des Lieds «Vom ersten Monat» ergriffen:

Es heißt, der Himmel sei hoch,
doch wag ich nicht aufrecht zu gehen.
Es heißt, die Erde sei fest,
doch wag ich kaum aufzutreten.

Konfuzius erkannte darin die verlorene Position des Edlen in dürftigen Zeiten, in denen er *fürchten muss, nach oben und unten Anstoß zu erregen, dass er schließlich nicht weiß, wo er bleiben kann.* Folgte er dem von oben Gebotenen und verhielte sich wie jedermann, *gin-*

ge das Dao zugrunde. Den Oberen und dem allgemeinen Tun widerstehen, gefährdet sein Leben. Wer für sich Rechtes tut und abseits bleibt, steht die Zeit seinem Aufstieg entgegen, gilt als Sonderling oder Narr. So ist der Weise, trifft er nicht die rechte Epoche, stets in Gefahr, früh zu sterben.[170]

Derart verschmelzen im konfuzianischen Gebrauch des «Buchs der Lieder» ästhetischer Genuss und ethische Reflexion. Auf einer Reise traf Konfuzius unerwartet auf einen weisen Staatsmann. Beide Meister unterbrachen ihre Fahrt, um die zufällige Begegnung zum persönlichen Kennenlernen und ausführlichen Gespräch zu nutzen. Konfuzius wollte zum Abschied ein Geschenk überreichen und bat Zilu, etwas zu holen. Jener weigerte sich, schien ihm doch das Treffen gegen die Li. Er hielt dem Meister vor, die erste Begegnung zweier bedeutender Menschen ohne förmliches Vorstellen und eines des Ereignisses würdigen Rahmens sei ebenso unpassend, als heirate ein Mädchen ohne tradierte Formen der Vermittlung und Vorbereitung. Konfuzius nahm den Vergleich auf, um aus dem «Buch der Lieder» die Strophe einer Frau zu zitieren:

Hochzeitslied

Des Fischadlers Ruf: Guan guan
von der Flussinsel –
reizende edle Frau,
welche Braut für unseren Herrn!
Seemalve, lang und kurz gewachsen,
pflücken wir hier und da –
reizende edle Frau,
er sehnt sich nach ihr wach und im Schlaf.
Voller Verlangen erreichte er sie nicht,
in Gedanken bei ihr Tag wie Nacht,
mit ungeduldiger Sehnsucht
unruhig auf dem Lager.
Seemalve, lang und kurz gewachsen,
pflücken wir hier und da –
reizende edle Frau,
willkommen ihr mit Saitenspiel.
Seemalve, lang und kurz gewachsen,
pflücken wir hier und da –
reizende edle Frau,
Glocken und Trommeln ihr zur Freude.

Buch der Lieder

Da ist ein hübscher Mann
Mit schön geschwungenen Brauen und anmutsvoll
– Ganz unverhofft haben wir uns getroffen,
Der mir von Herzen wohl gefällt.[171]

Die Lehre für Zilu ergibt sich aus den Versen: Wie sich Liebe zwischen Frau und Mann jenseits vorgeschriebener Formen unmittelbar ereignen mag, kommt anderen spontanen Begegnungen auch ohne Etikette Tiefe, Schönheit und menschlicher Wert zu.[172]

In einer anderen Episode fragt Zigong, der es aus bescheidenen Verhältnissen zu Wohlstand brachte, wohl im Hinblick auf seinen Werdegang den Meister: «Was ist davon zu halten, schmeichelt man als Armer nicht unwürdig und wird als Reicher nicht hochmütig?» Konfuzius, der nicht der Selbstbestätigung seines Schülers dienen wollte, antwortete: *Schon ganz gut. Doch besser, man ist arm und fröhlich oder reich und liebt die Li.* Zigong zeigte darauf mit einem Zitat aus dem «Buch der Lieder», dass er den Hinweis des Meisters verstand:

> Elfenbein und edlen Stein
> Muss man erst schneiden, dann polieren,
> Erst feilen und dann glätten.

Mit anderen Worten: Sogar bei bestem Ausgangsmaterial gilt es, den Charakter zu bearbeiten und zu schleifen. Konfuzius sprach darauf: *Mit Zigong kann man ab jetzt über das «Buch der Lieder» reden. Auf meine Andeutung fand er sogleich den Beleg.*[173]

Buch der Lieder: «Elfenbein und edlen Stein, muß man erst schneiden, dann polieren, erst feilen und dann glätten.» Klangsteine aus Nephrit wurden durch Abschleifen genau gestimmt. Aus einem Königsgrab der Shang-Zeit

Da Konfuzius Sparsamkeit in Worten schätzte, hielt er seine Rede knapp und wiederholte keine Erklärung. Der Schüler hatte zumindest die Ansätze, unmittelbar zu begreifen oder hernach um Verständnis des Gehörten zu ringen. Widerspruch war dem Meister willkommen, trug er doch zur Klärung bei. Dies galt auch für Einwände gegen sein eigenes Verhalten. Konfuzius schätzte sich glücklich, wurden seine Fehler erkannt[174], und ein Schüler stellte fest: «Die Mängel des Edlen gleichen den Verfinsterungen von Sonne und Mond. Jeder sieht seinen Fehler, und wenn er ihn korrigiert, blicken alle zu ihm empor.»[175] Nicht menschliche Schwächen oder Fehlleistungen der Lehrer und Schüler galten als tragisch, sondern nur der Unwille, sie zu erkennen und in Zukunft zu vermeiden.

Der Drang zu wissen, also Lerneifer, kennzeichnet den geeigneten Schüler. Daher gilt nicht jeder als belehrbar. Wer sich nichts fragt und ohne Neugierde ist, bleibt stehen. Die geforderte Wissbegierde zeigt sich in Bereitschaft zum Hören, um durch das Erweitern von Kenntnissen und Fertigkeiten über das hinauszuwachsen, was man jeweils ist. In diesem Sinn impliziert Lernwille dem Konfuzianer stets Streben nach ethischer Besserung. Alles muss zum Anlass des Fortschreitens werden, was ein positives Verhältnis zur Kritik einschließt. Über Lob des Lehrers soll man sich nicht nur freuen, seinem Tadel nicht bloß zustimmen, sondern beides als Anlass für Korrekturen nehmen.[176] Die bedeutende Kehrseite des Wunsches nach Erweiterung und Besserung ist das Bewusstsein notwendigen Scheiterns. Dies meint neben der steten Erfahrung, einer spezifischen Aufgabe nicht gerecht zu werden, auch, dass der Edle zwar besser werden als zuvor, doch niemals vollkommen gut sein kann. Dies kam in der Wendung zum Ausdruck, Konfuzius sei jener, der weiß, dass es nicht geht, und es dennoch tut. Weil Erkennen und Wissen immer Stückwerk bleiben, ist Scheitern vorbestimmt. Was immer man schon begriffen hat und kann, vor einem liegt eine unendliche und darum nie ganz zu bewältigende Strecke des Unbekannten und nicht Gekonnten. *Zilu, ich lehre dich das Wissen: Gewahrsein dessen, was man weiß, und dessen, was man nicht weiß, das ist Wissen.*[177] Diese Einsicht macht bescheiden, indem sie erkennen lässt, wie jeder Fortschritt die Grenzen subjektiver Beschränkung nur verschiebt, doch niemals überschreitet.

Es geht um eine Bewegung, die den Horizont erweitert, ohne an ein Ziel zu gelangen. In diesem Sinne beschrieb Yan Hui seinen Unterricht bei Konfuzius: «Alles wird, je höher ich blicke, nur noch höher, je tiefer ich eindringe, nur noch undurchdringlicher. Zum Greifen nahe, rückt es wieder fern. Schritt um Schritt zu gehen, reizt der Meister und leitet die Menschen, um sie durch Bildung zu weiten und durch Regeln zu beschränken. Wollte ich auch aufgeben, nie könnte ich es. Bei Einsatz aller Kräfte erreichte ich kaum etwas. Sogar bei stärkstem Streben erlangte ich nichts.»[178] Auch der kleinste Zugewinn an Wissen und Reife verpflichtet. Der Schüler lernt, um anzuwenden: *Besser, man will etwas nicht wissen, als man setzt das Gewusste nicht um.*[179] Im günstigsten Fall lässt sich das Wissen eines Edlen in die Regierung oder Verwaltung des Staats einbringen. Erweist sich dies als unmöglich, ist auch das Verhalten in der eigenen Familie und den Freunden gegenüber ein politisches. «Starb ein Freund und hinterließ keine Verwandten sprach Konfuzius: *Ich begrabe ihn.*[180] Der Meister fragt einen Neffen nach den Vor- und Nachteilen eines öffentlichen Amts, in das dieser berufen wurde. Er antwortete: «Nutzen sehe ich keinen, nur drei Nachteile. Vielerlei Aufgaben im Staatsdienst lassen keine Zeit, Gelerntes zu üben, was die Bildung verdunkelt. Durch niedrigen Lohn bleibt keine Schüssel Brei für nahe Verwandte, was mich den Angehörigen entfremdet. Unaufschiebbare Pflichten erlauben keine Zeit, trauernde Freunde zu trösten oder Kranke zu besuchen. So verliere ich die besten Freunde.»

Unglücklich mit der Antwort gab Konfuzius die Frage dem Schüler Zijian weiter, der gleichfalls zu einem Amt kam. Dieser antwortete: «Die Stellung bringt keinen Nachteil, aber dreierlei Nutzen. Was ich aus Texten kannte, darf ich endlich anwenden, wodurch sich Wissen klärt. Das Einkommen lässt mich Verwandte unterstützen, was die Zuneigung der Angehörigen steigert. Reise ich aus amtlichen Gründen, spende ich zugleich trauernden Freunden Trost und besuche Kranke, was Freundschaft vertieft.» Konfuzius seufzte und sprach über Zijian: *Dieser Mensch ist ein echter Edler. Gäbe es in Lu keine Edlen, wie könnte er solches erreichen?*[181]

Menschlichsein und Rückkehr zu den Riten

Auf Yan Huis Frage, was Menschlichsein sei, antwortete der Meister: *Sich selbst überwinden und zu den Riten zurückkehren ist Menschlichsein. Sich einen Tag überwinden und zu den Riten wenden, alle Welt fände so zum Menschlichsein. Bei einem selbst beginnt das Menschlichsein. Wie könnte es bei anderen beginnen?* [182]

Diese Worte behielten bis zur Gegenwart Einfluss auf den Weg zahlloser Einzelner wie auf das politische Leben Ostasiens. So soll Verteidigungsminister Lin Biao (1907–1971), der als designierter Nachfolger Mao Zedongs nicht zuletzt am eigenen Machttrieb scheiterte, Mao zur «Rückkehr zu den Li» aufgefordert haben, weshalb sich 1973/74 die Kritik an Konfuzius (pi kong) mit jener an Lin (pi lin) verband. Die Mahnung zur *Rückkehr zu den Riten* (*fu li*) wird für Ostasiens Gesellschaften, die innerhalb eines Jahrhunderts in starkem Ausmaß Elemente westlicher Zivilisation rezipierten, auch als Frage nach dem Verhältnis von Tradition und Kulturwandel an Aktualität gewinnen. Schon für Konfuzius besaß die *Rückkehr zu den Li* eine soziale und politische Dimension. Obwohl der Einzelne nur als solcher durch Überwinden oder Übersteigen seiner Subjektivität (ke ji) zu den Li zurückfinden kann, wird er hierdurch der ganzen Welt zum Vorbild. Seine bewusste Reintegration in das gesellschaftliche Ganze korrigiert dessen Abweichen vom Rechten.

Als Yan Hui weiter nach dem genauen Weg der Rückkehr fragte, riet Konfuzius: *Was den Li widerspricht, sieh nicht! Was den Li widerspricht, höre nicht! Was den Li widerspricht, sage nicht! Was den Li widerspricht, tue nicht!* Das Verfahren besteht also darin, Wahrnehmen und Handeln allem zu verweigern, das nicht dem Ritus entspricht. Im Unterschied zum Altertum, als mit dem Dao übereinstimmende Regeln die soziale Wirklichkeit prägten, lebt der Edle in einer Welt, die ihn mit im Licht der Li verkommenen politischen und familiären Verhältnissen konfrontiert. Hütet er sein Wahrnehmen bewusst vor Unsittlichem, Unschönem und Unwahrem, dann will er sich nicht durch solches prägen lassen. Nach Konfuzius *sind von Natur aus alle Menschen gleich*, erst Einflüsse, Gewohnheiten und *Übung entfernen sie voneinander.*[183] Die Erkenntnis, genau das, was man konkret wahrnimmt und tut, mache die Subjektivität aus und nicht ein davon abgehobenes eigentliches Wesen, führt zu Selbstgestaltung durch Auswahl. Anders als der daoistische Weise, der den Einklang mit der Natur sucht, zieht sich der konfuzianische Edle nicht ganz aus der Gesellschaft zurück, sondern versagt sich einzig dem Unheilen. Bewusst wählt sein Wahrnehmen gute Eindrücke, sein Handeln gute Taten. Er inszeniert in seiner Sphäre eine heile Welt und bessert so ausgehend von sich das Ganze.

Die konfuzianische Lehre besitzt vor diesem Hintergrund ein starkes ästhetisches Element. Durch Aktivitäten wie das Studium der Klassiker, Musizieren, Rezitieren von Lyrik oder rituellem Bogenschießen setzt sich der Edle vornehmlich guten Prägungen aus. Aus diesem Grund sucht er auch den Umgang mit Gleichen oder Besseren. *Freundschaft mit Ehrlichen, Treuen und Erfahrenen fördert; Freundschaft mit Heuchlern, Ungefestigten und Schwätzern schadet*[184], weshalb er den Verkehr mit solchen möglichst vermeidet, die sein Streben behindern.

Konfuzius mied Begegnungen mit üblen Charakteren, wenn er überzeugt war, dem anderen keinen Impuls zur Besserung vermitteln zu können, oder wenn zu befürchten stand, dieser wolle ihn für seine Zwecke instrumentalisie-

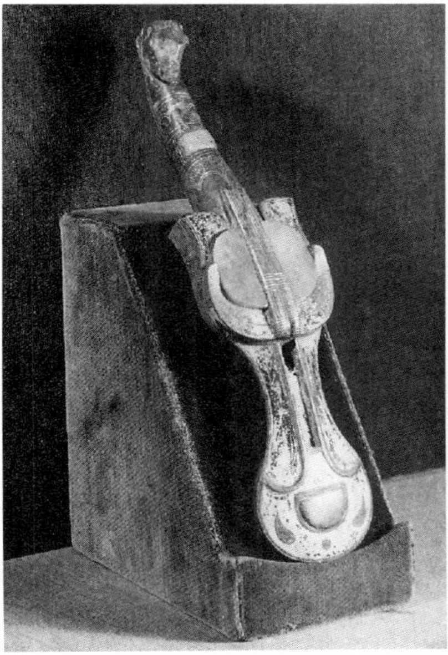

«Doch nahm er sein Saiteninstrument und sang hörbar dazu.» Laute aus der Zeit der Streitenden Reiche (471–207 v. u. Z.)

ren. In diesem Sinn unerwünschte Besucher wurden demonstrativ abgewiesen. «Indem er vorgab, krank zu sein, lehnte der Meister ab. Doch nahm er sein Saiteninstrument und sang hörbar dazu, als der Bote ging.»[185] Konfuzius konnte zum Schein auf das Angebot eines Mächtigen eingehen, hätte er sich durch Ablehnung oder Weigerung einer Gefahr ausgesetzt.[186] Aber in einem Land, das sich so weit von den Li entfernte, dass der Edle auch bei einem Rückzug in die Privatsphäre schuldig würde, kann er nicht bleiben. Zwar soll er nicht durch voreiliges Reden sich und seine Familie in Gefahr bringen. Doch, wenn es nicht anders geht, verlässt er den Staat, wie Konfuzius es mehrfach tat, oder gibt sein Leben für die Gerechtigkeit. Neben der Verweigerung, von den Li Abweichendes wahrzunehmen, enthält sich der Edle ihnen widerstreitender Handlungen. Hier beginnt er gemäß dem *Berichtigen der Namen* bei der Rede. Als Sima Niu über des Meisters Worte staunte, Menschlichsein bedeute, langsam und bedacht zu sprechen, erklärte Konfuzius: *Wer weiß, wie schwer die Tat ist, wie kann er anders, als langsam und mit Bedacht seine Worte wählen?*[187]

So gestaltet der Edle sein Leben im Spannungsfeld von aus dem Altertum Vorgegebenem (li) und Menschlichsein (ren). Menschlichsein bildet die subjektive Variable im objektiven Bezugssystem der Li. Bestimmten diese früher selbstverständlich das Leben, unterwirft sich der Edle jetzt reflektierend und auswählend ihrer Lenkung. Die Suche nach Verwirklichung seines Menschseins zielt so im Überwinden der Egozentrik auf die Beschränkung. Doch ist im konfuzianischen Kontext bedeutend, dass die Beschränkung nicht wie im Legalismus von außen erzwungen, sondern subjektiv gewählt werden soll.

Das hier mit «Menschlichsein» übersetzte «ren» gab man in europäischen Sprachen als «Sittlichkeit», «Güte», «Liebe» oder «Wohlwollen» wieder. Jeder dieser Begriffe berührt den Inhalt, doch kommt ihm «Menschlichsein» am nächsten. Wie «Mensch» heißt es «ren», setzt sich als Schriftzeichen aber aus jenen für «Mensch» und für die Zahl «2» zusammen, was den Beziehungscharakter des Gemeinten andeutet. Weil Menschlichsein sich nur im konkreten Miteinander verwirklicht, ist der Begriff auch dem abstrakteren der «Menschlichkeit» vorzuziehen. Indem er lernend nie ans Ziel gelangt, bleibt das «Sein» des Edlen immer ein

Menschlich-Werden. Eine der vielen konfuzianischen Antworten, worum es dabei ginge, lautet *die Menschen zu lieben*[188]. Diese Liebe beweist sich, wenn einem spontan das Wohl anderer mehr bedeutet als persönliches Besitzen und Wohlergehen. Als Konfuzius «vom Hof zurückkam, war sein Stall abgebrannt. Er erkundigte sich: ‹*Sind Menschen verletzt?*› Nach den Pferden fragte er nicht.»[189] Allerdings bedarf diese Haltung der Einübung, denn beim gewöhnlichen Menschen, der angesichts des brennenden Stalls um seine kostbaren Pferde bangt, wird sie nicht sichtbar.

Ein König verlor auf der Reise durch sein Land einen Bogen. Die Begleiter wollten ihn suchen, doch der König sprach: «Lassen wir es auf sich beruhen. Ein Landsmann verlor den Bogen, ein anderer Landsmann wird ihn finden.» Als man dies Konfuzius erzählte, sprach er: «Schade, dass er nicht weiterdachte und sagte: ‹Ein Mensch hat einen Bogen verloren, ein anderer Mensch wird ihn finden.› Weshalb denn nur ein Landsmann?»

Kongzi jiayu

Beim Einüben des Menschlichseins setzt man sich den anderen gleich. Konfuzius sprach von einem gegenseitigen Verhältnis der Rück- und Nachsicht (shu), das die Egozentrik, sich mehr zu gestatten, als man anderen zubilligt, überwindet. Dazu geht der Einzelne vom Grundsatz aus: *Was einem selbst nicht erwünscht, tue man anderen nicht.*[190]

Indem sein Handeln vom Vermeiden dessen geleitet wird, was er von anderen nicht erwartet, findet er Antwort auf die Frage nach rechtem Verhalten vor allem im Bezogensein auf den Nächsten. Hilfreich zum Verständnis dieses Grundsatzes ist der Unterschied zu später im Westen formulierten, strukturell ähnlichen Modellen, mit denen man im 18. Jahrhundert den Satz aus «Lunyu» unter der Bezeichnung «Goldene Regel» zusammenfasste. Heißt es in christlichen Texten, «Was ihr

«Was einem selbst nicht erwünscht, tue man anderen nicht.» Siegelabdruck mit dem konfuzianischen Grundsatz aus Lunyu XII, 2

von anderen erwartet, das tut auch ihnen»[191], so steht das Subjekt im Mittelpunkt. Eigene Wünsche und Erwartungen werden zum Maßstab dessen, wie ich anderen begegne. Das Subjekt setzt sich nicht den anderen gleich, sondern diese sich. Geht Konfuzius von der Frage aus, was ich mir nicht vom anderen wünsche, steht das Rückbezügliche oder die Gegenseitigkeit des sozialen Verhältnisses (shu) am Beginn des Erwägens. Dass Menschlichsein als Variable zu den Li treten musste, folgte aus der gestiegenen Bedeutung des Subjekts seit dem Altertum. Der Ritus galt nicht mehr unmittelbar, sondern wurde mit der Absicht vollzogen, das Wohl anderer einzuschließen. Dies konnte dazu führen, dass Menschlichsein

äußerlich einer Regel widerspricht. Die Schüler Zilu und Zigong kritisierten das Verhalten des Guan Zhong, eines Ministers des 7. Jahrhunderts v. u. Z. im Staat Qi. Dieser beging, als sein Herr getötet wurde, keinen Suizid, wie man es von einem nahen Gefolgsmann des Besiegten erwartete, sondern führte dem Sieger sogar die Staatsgeschäfte. Konfuzius argumentierte, es wäre töricht von diesem Politiker gewesen, sich zu töten, denn er war derjenige, der einen Krieg verhindern und die Entwicklung seines Landes zum Guten wenden konnte. Darum war er wahrhaft menschlich.[192]

Trotzdem lässt sich nicht zugunsten alleiniger subjektiver Reflexion auf die Riten verzichten. Tradition soll durch die von Menschlichsein bestimmte Vernunft ergänzt, nicht ersetzt werden. Die Li sind nicht nur wichtig, weil sie das Subjekt durch die Schranken auf seinen Ort im sozialen Ganzen verweisen. Sie repräsentieren zudem die geronnene Geschichte dieser Gesellschaft, ihr über zahllose Ahnengenerationen seit früher Vorzeit Bewährtes. Hierin spiegelt sich noch die verlorene Epoche der Harmonie. Diese eignet sich der Edle durch sein Studium der Klassiker an und aktualisiert sie in seiner Zeit im Filter des Menschlichseins. Was vormals unreflektierte Kultur der Gesellschaft war, wird ihm als Einzelnem bewusste Persönlichkeitskultur, welche auf die Gemeinschaft wirkt. Goethes Wort, das von den Vätern Ererbte sei zu erwerben, um es zu besitzen, taugt zur Illustration des konfuzianischen Verhältnisses zu den Li. Es geht nicht um passives Über-

Trauerritus nach einer Darstellung des 19. Jahrhunderts. In der linken Bildhälfte klassische chinesische Opferungen, rechts rezitierende buddhistische Mönche

nehmen, sondern ein Bejahen aus Einsicht. Dies bedeutet aber kein Rationalisieren der Riten. Helfen sie zwar dem Regeln der Gesellschaft oder dem Kultivieren des Einzelnen und sind ihre Elemente teilweise in Herkunft oder Funktion deutbar, lassen Riten sich doch nicht auf Mittel bestimmter Zwecke reduzieren. In jedem Fall bleibt ihnen ein Aspekt des Unerklärlichen.

Gerade weil die Riten im Prozess der Veredelung als Widerstände gegen subjektive Egozentrik dienen, dürfen sie gar nicht vollständig verstanden werden. Was dem Subjekt vollends durchschaubar wäre, kann der Selbstsucht zuträglich sein, denn es bietet keinen Reibungspunkt. Wie die Sitte von Egozentrik befreien und auf ein menschliches Maß lenken soll, lässt sich am Beispiel der Trauerbräuche zeigen. Die Li regeln genau, auf welche Weise und wie lange ein Mensch Familienmitglieder verschiedenen Grades, Freunde oder Vorgesetzte betrauert. Rechtes Trauern berücksichtigt Vorschriften zur Kleidung, Enthaltsamkeit von bestimmter Nahrung und Musikgenuss, ebenso das Weinen um den Verstorbenen. Ritualisierte Formen der Klage helfen dem vom Schmerz Übermannten, seine Gefühle in Bahnen zu lenken. Wer nicht die angebrachte Trauer empfindet, kann durch die Praxis der Formen in eine dem Verlust angemessene Stimmung finden. Wo dies nicht versucht wurde und man etwa eine Beerdigung nicht mit echtem innerem Schmerz vollzog, konnte Konfuzius den Anblick nicht ertragen.[193] Bei einer Totenfeier ging es ihm um die Trauer, welche die Formen erfüllen sollte, nicht um übertriebenen Pomp.[194] Überhaupt galt Trauer ihm als eine der bedeutendsten Angelegenheiten des Lebens. «Neben einem Trauernden aß der Meister sich niemals satt. Hatte der Meister an einem Tag geweint, sang er am selben nicht mehr.»[195] Sah er einen Menschen in Trauerkleidern, erhob er sich ehrfürchtig.[196]

Konfuzius legte großen Wert auf korrektes Einhalten dieser Bräuche, denn Trauerzeit bedeutet eine große Chance der Reife für den, der sich selbst und seinen Weg in der Welt noch nicht fand. Dies trifft besonders auf die dreijährige Phase nach dem Tod der Eltern zu.[197] Auch hier liefert das Altertum das Vorbild. Als der Schüler Zizhang fragte, was eine Stelle im «Buch der Urkunden» bedeute, wonach Gaozong, ein Herrscher des 13. Jahrhunderts v. u. Z., während der Trauer um seinen Vorgänger drei Jahre im Trauerzelt lebte und kein Wort sagte, sprach der Meister: *Warum fragst du nach Gaozong? Die Alten hielten es alle so. War der Herrscher tot, folgten die Beamten drei Jahre lang ihren Pflichten nach den Anweisungen des leitenden Ministers.*[198]

Wer sich drei Jahre zurücknimmt, seinen Verlust bedenkt und die Relativität eigenen Daseins, war nach dieser Einkehr weniger gefährdet, seiner Egozentrik freien Lauf zu lassen.

Doch gilt es, die Form genau einzuhalten. *Beim Trauern übertreibe man sein Leid nicht.*[199] Als Zilus Trauerzeit um seine Schwester vorüber war, wollte er die Trauerkleider nicht ablegen. Als Konfuzius nachfragte, bekannte er, es nicht zu schaffen, die Trauer abzubrechen, weil er nun keine Geschwister mehr hatte. Konfuzius ermahnte ihn: *Jeder Mann auf der Straße hat solche Gefühle. Die alten Könige haben jedoch die Sitten geschaffen, dass die, deren Gefühle darüber hinausgehen, sich beruhigen und ihnen anpassen, und die, deren Gefühle nicht so weit reichen, sich strecken und zu ihnen emporsehen.*[200] So weisen die Li auf eine seit Jahrtausenden bewährte menschliche Mitte.

In der Bedeutung der Riten erweist sich wiederum die nichtmetaphysische Tendenz der konfuzianischen Lehre, die der Schüler Zigong auf den Punkt brachte: «Form ist Wesen, Wesen ist Form. Das von Haaren geschorene Fell eines Tigers oder Leoparden gleicht dem geschorenen Fell eines Hundes oder Schafs.»[201] Es gibt kein Trauern an sich, das sich hinter Normalität verbirgt, sondern nur solches, das sich in konkreten Formen vollzieht. Es kann keine hehre Haltung existieren, die sich nicht stofflich zeigte, kein Eigentliches, das unsichtbar bleibt.

In diesem Sinn kennt die Lehre des Konfuzius letztlich keine Trennung zwischen essentiellen Inhalten und simplen Nebensächlichkeiten. Jede alltägliche Handlung ist in ihrer Form bedeutend und eine Manifestation des Charakters des Ausführenden. Als Ziyou sich über die Schüler des Konfuzianers Zixia belustigte, sie verstünden sich zwar auf solche Nebensachen, wie den Boden zu fegen, doch mangle es ihnen am Wesentlichen, konterte Zixia im Sinne des Konfuzius, es gebe keinen Unterschied zwischen Haupt- und Nebensachen.[202] Jeder Vollzug ist als solcher mindestens ebenso bedeutend wie als Instrument eines Zwecks. Diese Haltung führt den Edlen zu einem liebevollen Behandeln der Details. Konfuzius rückte eine schiefe Sitzmatte gerade, bevor er sich setzte[203] und achtete trotz Bescheidenheit beim Essen auf Stil.[204]

Der Selbstzweck der Li wird besonders bei solchen Riten deutlich, die nach westlichem Verständnis den Bereich der Religion berühren. Konfuzius versuchte nicht, Notwendigkeit und Bedeutung sakraler Handlungen rational plausibel zu machen. Im komplexen Ganzen der Wirklichkeit, dessen Bezogenheiten im «Buch der Wandlungen» angedeutet sind, kommt sakralen Zeremonien eine vom Subjekt nicht zu durchschauende Funktion zu. Das große Opfer für den Ahnen der Dynastie wollte Konfuzius nicht erklären. Wer dessen Sinn verstünde, dem wäre Regieren so einfach wie der Gebrauch seiner Hand.[205] Trotz der Unbegreiflichkeit derartiger Riten ist um ihrer selbst willen daran festzuhalten. Als Zigong wahrscheinlich aus Gründen der Wirtschaftlichkeit darauf verzichten wollte, zum Monatsbeginn einen Hammel zu opfern, bemerkte Konfuzius: *Dir tut es um das Schaf Leid, mir um den Ritus.*[206]

Konfuzius strebte in äußerer Ausführung und innerer Haltung nach vollendeter Form. Er «opferte Ahnen und Geistern, als wären sie anwesend. Der Meister sprach: *Fehle ich beim Opfer, habe ich nicht geopfert.*»[207]

Dass dieser Anspruch keine zeremonielle Steifheit bedeuten soll, demonstriert eine Episode aus «Kongzi jiayu»: «Als Konfuzius das Herbstopfer für seine Eltern darbrachte, trug er die Opferspenden in ungezwungener Haltung mit rauen und nicht

Opfergefäße der Zhou-Zeit, 10. Jahrhundert v. u. Z.

feierlichen Schritten hinein. Nach dem Opfer fragte Zigong: ‹Ihr habt vom Opfer gesagt, man müsse feierlich und gesammelt sein, Meister. Weshalb wart Ihr bei Eurem eigenen Opfer nicht feierlich und gesammelt?›

Konfuzius sprach: ‹*Feierlich muss man bei Fernstehendem sein, gesammelt, um sich zu besinnen. Was sollte solch steifes und reserviertes Verhalten, steht man in lebendiger Beziehung zu den Geistern, denen man opfert? Weshalb beim Opfer für liebe Angehörige strenge Feierlichkeit und steife Sammlung zeigen?*

Brachte dagegen beim staatlichen Opfer der Fürst die Speisen dar, schweigt die Musik, ordnet man drinnen die Gefäße für das Mahl, regelt Riten wie Musik und stellt die Beamten auf, wird der Edle sich feierlich und gesammelt zeigen. Ein Wort lässt sich nicht auf alles anwenden. Jedes Ding hat seine besondere Weise›.»[208]

Dabei bleibt offen, inwieweit Konfuzius an die Nicht-Sichtbaren im Sinn existierender Entitäten und objektiver Empfänger des Opfers glaubte. Entsprechende Fragen, deren positive Beantwortung zu metaphysischer Spekulation geführt hätte, wies er zurück. Als Zilu etwas über Geister und das Dasein nach dem Tod erfahren wollte, sprach Konfuzius: *Wer den Menschen nicht dienen kann, wie kann er den Geistern dienen? Wer das Leben nicht versteht, wie will er den Tod verstehen?*[209] In «Kongzi jiayu» antwortet der Meister auf die Frage, ob Tote Bewusstsein hätten: *Wollte ich sagen, die Toten haben Bewusstsein, so wäre zu fürchten, dass ehrfürchtige Söhne und gehorsame Enkel die Lebenden zu kurz kommen ließen, um der Bestattung der Toten willen. Wollte ich sagen, die Toten haben kein Bewusstsein, so wäre zu fürchten, dass ungeratene Söhne ihre Eltern unbestattet liegen ließen. Dein Wunsch zu wissen, ob die Toten Bewusstsein haben oder nicht, ist zunächst keine dringende Sache. Später wirst du es von selber wissen.*[210]

Man konzentriert sich auf das mit dem Diesseits Gegebene, folgt im Hinblick auf darüber Hinausgehendes der Tradition, doch versucht nicht das Unbegreifliche zu fassen: *Seiner Pflicht gegenüber den Menschen folgen, die Götter und Geister achten, aber ihnen fern stehen.*[211]

Auf die Frage, ob man den Gott des Herdes höher achten solle als jenen des inneren Hauses, sagte Konfuzius, wer *gegen den Willen des Himmels wirke*, habe niemanden, dem er opfern könne.[212]

Damit lenkte er das Augenmerk von den unsichtbaren Mächten, die den Menschen umgeben mögen, auf den alles überspannenden physischen Himmel und das Wirken des Menschen unter ihm. Der Himmel gestaltet mit Sonne und Mond, Regen und Wind den Lauf der Tage wie der Jahreszeiten. Der Mensch muss sich durch rechtes Handeln in diese Harmonie einfügen. Ethisch korrektes Verhalten stand damit über dem Ansprechen der Götter. Der an die Ahnen und Geister gerichtete Ritus diente nach Konfuzius nicht dem Verkehr mit einer anderen Welt, wie dies bei schamanistischen Praktiken und Riten seiner Zeit durchaus der Fall war. Er besitzt vor allem Selbstzweck: Im Tempel erkundigte sich Konfuzius stets nach jeder Handlung. Als jemand deshalb bezweifelte, der Meister sei ein wahrer Kenner der Riten, meinte dieser, gerade solches Fragen entspreche dem Ritus.[213]

In Zusammenhang mit den Li stehen die Lyrik und die Musik. Die Lyrik weckt den Menschen für den Weg der Selbstkultivierung. Sodann verleihen die Riten ihm Halt, indem sie sein konkre-

Ahnenschrein in einem Haus in Beijing. Hier bringt die Familie rituelle Opfer im Gedenken an die Vorfahren.

tes Dasein in die Form des historisch Bewährten gießen. Die Musik vollendet den Weg, indem sie den Charakter verfeinert.[214]

Lyrik als gebundene oder vollendete Form des Redens ist auf der Ebene der Sprache das, was die Riten dem Verhalten sind. Sie wirkt einerseits auf das Verstehen, indem die Texte Träger eines Inhalts sind, anderseits kann sie durch die Vollendung von Klang und Komposition das Empfinden berühren. Konfuzius legte seinen Schülern besonders das Studium des «Buchs der Lieder» ans Herz, und es war ihm ein Anliegen, dass sein Sohn Boyu sich damit beschäftigte.[215] Dem Meister gefiel, dass der Schüler Nan Rong aus dieser klassischen Lyriksammlung häufig einen Vers rezitierte, in dem es heißt, ein Fleck an einem Nephrit ließe sich abschleifen, doch schlechte Rede nie ungeschehen machen. Weil das zeigte, wie Nan Rong an seinem Charakter feilte, gab Konfuzius ihm die Tochter seines älteren Bruders zur Frau.[216]

Musik, deren Wahrnehmen und Praktizieren der Persönlichkeit den letzten Schliff gibt, wirkt unmittelbar auf das Empfinden. Im Chinesischen schreibt man «Musik» und «Freude» mit demselben Schriftzeichen. Die Musik, die einem Menschen gefällt, offenbart, was ihn freut und damit, in welche Richtung er sich kultiviert hat. Sie kann harmonisieren oder brutalisieren und aufputschend sein. Der kämpferische Zilu soll für ein aggressives Spiel auf einem Saiteninstrument vom Meister so getadelt worden sein, dass er vor Kummer nicht mehr essen konnte und abmagerte. Konfuzius stellte bei dieser Gelegenheit fest: *Das Spiel des Edlen ist milde und sanft, es hält sich im Gleichmaß der Stimmung und wirkt anregend und belebend. Die Stimmung des Schmerzes und der Trauer nährt er nicht in seinem Herzen, trotzige und gewaltige Bewegungen sind seinem Körper fremd. Dies ist die Stimmung, die harmonisch genannt wird. Das Spiel des Gemeinen ist anders. Es ist laut und rasch, dann wieder ersterbend und verschwommen, ein Abbild gewalttätiger Todesstimmung.*[217]

Gute Musik muss harmonisch sein und vom Anfang bis zum Ende fließen.[218] So verfeinert sie den Menschen und verleiht ihm Empfindsamkeit, die zu wahrem Mitempfinden mit anderen wird. Auf ihren Wanderungen hörten Konfuzius und Yan Hui ein Weinen und Jammern. Der Meister fragte, was das wohl zu bedeuten habe. Yan Hui meinte, das Weinen sei nicht allein um einen

Toten, sondern es schwinge auch Kummer um den Abschied von einem Lebenden mit. Vormals hörte er auf einem Berg «einen Vogel, der hatte vier Junge ausgebrütet, und als sie flügge geworden waren und in alle Welt hinausflogen, da sang ihnen die Alte traurig nach. Es klang gerade so wehmütig wie das Weinen da, weil sie weggingen und nie mehr wiederkamen.»[219] Auf Nachfrage erfuhr Konfuzius, die weinende Familie betrauerte den verstorbenen Vater und klagte zugleich um eines ihrer Kinder, das sie nun wegen ihrer Armut weggeben müssten. Konfuzius lobte das veredelte Empfinden seines liebsten Schülers: *Yan Hui, du hast ein feines Gehör für die Klänge.*[220] So kommen dem wahrhaft Menschlichen Qualitäten zu, die über das normale Vermögen hinausgehen.

Soziale Beziehungen und Staat

Da sich Menschlichsein im Verhalten gegenüber anderen beweist, kommt es vor allem in engen Beziehungen zum Tragen, wie sie zwischen Ehegatten sowie zwischen Eltern und Kindern bestehen. Die Familie ist das wesentliche Übungsfeld für Ren, der Ort, von dem aus es wirksam wird für die größere Gemeinschaft und den Staat. Der Edle darf darum kein weltabgewandter Asket sein. Er bejaht großfamiliäre Strukturen, kümmert sich liebevoll um die Alten und seine Eltern, ist mit einem Partner verheiratet, den er achtet, und hat Kinder, denen er Vorbild sein will. Sexuelle Enthaltsamkeit, also die Weigerung, ganz am Leben teilzuhaben und für Familie wie Gesellschaft Nachkommen zu schaffen, gilt dem klassischen Konfuzianer als gegen die Natur gerichtet und unsittlich. Als Jahrhunderte nach Konfuzius die Lehre Gautamas in China eingeführt wurde, stieß sie bei Konfuzianern auf erbitterte Widerstände. Dass der Buddhismus von zölibatären Männern vertreten wurde, die sich aus der Familie zurückzogen, war ein wesentlicher Angriffspunkt.

Konfuzius bedeutete die Familie die Basis allen sozialen Lebens. Sie ermöglicht auf natürliche Weise ein Egozentrik übersteigendes Verhalten, indem die einzelnen Mitglieder aufeinander achten und sich gegenseitig schützen. Familiärer Zusammenhalt steht daher

Buddhistischer Heiliger (Luohan). Das asketische Ideal der Buddhisten stieß auf Widerstand der Konfuzianer.

weit über anderen Pflichten. Als man es Konfuzius gegenüber aufrichtig nannte, dass ein Sohn seinen Vater wegen des Diebstahls eines Schafes anzeigte, meinte der Meister: *Bei uns deckt der Vater den Sohn und der Sohn den Vater. Das ist Aufrichtigkeit.*[221]

Den Eltern ist die Pflege und Erziehung der Kinder zentraler Inhalt ihres Daseins. Dies verpflichtet die Kinder zu lebenslangem Dank. Sobald sie dazu in der Lage sind, sollen sie ihrerseits liebevoll für die Eltern sorgen und sich immer deren Alter bewusst machen: Jedes Lebensjahr von Mutter und Vater ist Grund zur Freude und zugleich des Kummers über das näher rückende Ende der Beziehung.[222] Um wirklich für die Eltern da zu sein, empfiehlt Konfuzius, in ihrer Nähe zu wohnen. Lässt es sich nicht vermeiden, in die Ferne zu ziehen, bleibt man wenigstens an einem Platz, um den Eltern erreichbar zu sein.[223] Man vermeidet alles, was ihnen Kummer bereiten könnte. Nur Krankheit, die nicht auf eigene Absicht zurückgeht, darf als Grund gelten, Eltern Anlass zur Sorge zu geben.[224] Die Verpflichtung gegenüber den Eltern schließt materielle Hilfe ein. Man muss jene unterstützen, die einem das Leben schenkten, einen förderten und beschützten, bis man auf eigenen Füßen stehen konnte. Doch gilt dies Konfuzius lediglich als selbstverständliche Äußerlichkeit. Schließlich, so der Meister, werden auch Hunde und Pferde gefüttert. Worin sich Menschlichsein gegenüber den Eltern zeigt, ist Ehrerbietung oder *Achtung* (*jing*).[225] Es reicht nicht, konventionelle Anstandsregeln einzuhalten. Liebevolle Achtung kommt im Alltag in der *Miene* zum Ausdruck.[226] Das starke Betonen des Verhältnisses zu den Eltern entspricht der rückwärts gewandten Orientierung des Konfuzius. Wie der Edle das Denken und Wollen im Studium der Vergangenheit relativiert, kann jeder seine egozentrischen Tendenzen in der Beziehung mit den ihm Vorangehenden überwinden. Die Suche nach subjektiver Unabhängigkeit, die sich in der Distanzierung von den Eltern zeigt, also Abstand von denen beansprucht, die der Ursprung eigenen Daseins sind, führt zum Abweichen vom rechten Weg. Der Edle weiß, dass er immer Kind seiner Eltern bleibt. Er kann keine Selbstachtung haben, mangelt es ihm an Achtung vor den Eltern. Die Achtung vor den Eltern verbindet ihn mit der langen Reihe der Generationen bis zu den Ahnen der Vorzeit. Darum überdauert das Verhältnis den Tod. Der gute Sohn

Die Kinder erweisen den Eltern ihre Ehrfurcht. Darstellung des 12. Jahrhunderts

bleibt während der Trauerzeit von drei Jahren der Linie des verstorbenen Vaters treu, bevor er Neuerungen einführt.[227] *Lebt der Vater, richte man sich nach seinem Wunsch. Ging er dahin, folge man seinem Tun.*[228]

Doch soll die Beziehung nicht vollkommen unterwürfig sein. Guten Eltern kann man in freundlicher und sanfter Weise Vorschläge unterbreiten, weicht man von ihrer Auffassung ab, aber man insistiert nicht, wenn sie ablehnen.[229] Verlassen die Eltern selbst den Weg der Sittlichkeit und des Menschlichseins, darf ihnen kein Gehorsam entgegengebracht werden. Der Vater muss, wie es das *Berichtigen der Namen* verlangt, diesen Begriff verdienen, der mit aus dem Altertum überkommenen Werten guter Elternschaft belegt ist. Dass der Edle als Sohn dem Beispiel des schlechten Vaters folgt oder seinem Tun nachgibt, widerspricht dem Menschlichsein. Zeng Shen, der sich sehr bemühte, ein guter Sohn zu sein, zerstörte beim Hacken im elterlichen Gemüsefeld versehentlich eine Wurzel. Sein Vater Zeng Xi, gleichfalls Schüler des Konfuzius, prügelte daraufhin mit einem harten Stock so grausam auf ihn ein, dass der Sohn einige Zeit besinnungslos lag. Als er wieder zu Bewusstsein kam, entschuldigte er sich beim Vater und dankte für die verdiente Züchtigung. Um beste Laune und Gesundheit vorzugeben, sang und musizierte er schließlich noch laut, damit sein Vater sich keine Vorwürfe machte. Als Konfuzius davon hörte, verbot er dem übereifrigen Sohn das Betreten der Schule. Betroffen ließ Zeng Shen nach dem Grund fragen, worauf er hörte: *Du hättest dich totschlagen lassen, ohne auszuweichen. Wenn du ums Leben gekommen wärest, so hättest du deinen Vater in die Lage gebracht, dass er eine Pflichtverletzung begangen hätte. Welche Pietätlosigkeit gibt es, die größer wäre als diese! Bist du denn nicht ein Untertan des Himmelssohns? Was für eine große Schuld kommt aber auf den, der einen Untertan des Himmelssohns tötet!* [230] Gerade um des Vaters willen und aus Achtung vor ihm hätte er sich seinem Zugriff entziehen müssen.

Bei aller Betonung von Vorbild und Familie gibt der Einzelne seinem Leben selbst die Richtung. Wer den Weg zur Veredelung beschreitet, vermag sich aus schlechtem Einfluss zu lösen. Ein Schüler hatte einen üblen Vater.[231] Der Meister mahnte, dem Sohn dafür nicht mit Vorurteilen zu begegnen und bediente sich eines Gleichnisses aus der Ritualvorschrift: Das makellose Junge einer zum Opfer untauglichen gefleckten Kuh mögen die Menschen misstrauisch betrachten. Die Götter werden es als Opfer akzeptieren.[232]

Wie immer Eltern sich verhalten, ob sie würdig sind, dass man ihnen hingebungsvoll dient, oder ob man sich ihrem Jähzorn um ihrer selbst willen entzieht, man schuldet ihnen Dank für das eigene Dasein. Wie das Kind nicht für sich selbst steht, sondern das von diesen empfangene Leben weitergibt, repräsentieren die Eltern die Reihe der Ahnen. In die Familie der Lebenden (Gegenwart) und zugleich in die Reihe der Ahnen (Vergangenheit) eingebettet, relativiert sich eigenes Existieren, wird zu einem Moment in einer Bewegung, die lange vor dem eigenen Gewahrsein begann und noch lange danach weitergeht.

Darum ist die Trauerzeit um die Eltern so bedeutend. Nach ihrem Tod trägt man selbst das Geschenk und die Bürde des von den Ahnen empfangenen Lebens weiter. Trauerzeit dient der Selbstfindung, der Klärung, wo man um des Menschlichseins willen dem Weg der Eltern folgen, wo von ihm abweichen muss.

Der Schüler Zai Wo fragte den Meister, ob nicht ein Trauerjahr um die Eltern genug sei. Er rationalisierte seinen Unwillen, drei Jahre auf bestimmte Annehmlichkeiten zu verzichten damit, dass man vielleicht das Musizieren verlerne, wenn man es lange nicht pflegt. Konfuzius fragte ihn, ob er wahrhaft Frieden fände, wenn er schon ein Jahr nach dem Tod der Eltern beste Speisen und Musik genieße? Als Zai Wo bejahte, sagte Konfuzius, er möge so handeln, doch sei dies nicht der Weg des Edlen. Als der Schüler gegangen war, sprach der Meister: *Wie lieblos Zai Wo ist! Ein Kind wird drei Jahre alt, ehe es nicht mehr von den Eltern getragen wird. [...] Hat Zai Wo nicht diese Fürsorge seiner Eltern erfahren?* [233]

Der Ahnenkult gibt der Dankbarkeit gegenüber den Vorangegangenen die Form. Man hält das Gedächtnis ihrer Namen lebendig und erweist ihnen durch rituelle Opfer von Speisen und

Der Ahnenkult gibt der Dankbarkeit gegenüber den Vorangegangenen die Form: Rituelle Geldverbrennung im Gedenken an die Vorfahren

Weihrauch Achtung. Gerade in diesem Zusammenhang ist bedeutend, dass Konfuzius die Frage des Existierens nach dem Tod offen ließ. Die aus alter Zeit überkommenen Riten implizieren ein solches, indem man sich an Geister wendet, die in Himmel und Erde fortbestehen. Da es sich um die konkrete Erde und den sichtbaren Himmel handelt, sind diese Geister allerdings keine jenseitigen einer anderen Welt. Der Edle macht sich über ihr Sein oder Nichtsein jedoch keine Gedanken. Indem er die vielen dahingeschiedenen Mitglieder der Familie nach tradiertem Brauch zum Mahl lädt und so tut, als wären sie anwesend, sind sie es ihm. Was sich dabei auf einer Ebene über der physischen vollziehen könnte, wird ihm nicht zum Problem.

Das Verhalten des Edlen gegenüber den Eltern und Mitgliedern der Familie setzt sich nach außen im Wirken für die Gesellschaft fort. Diese hat im Himmelssohn oder im Fürsten eines Teilstaats ihren legitimen Repräsentanten. Der Edle möchte ihm und damit der Gemeinschaft in einem öffentlichen Amt mit *Treue* oder *Loyalität* (*zhong*) dienen. Diese der Achtung gegenüber den Eltern verwandte Haltung der Zuverlässigkeit ist wiederum kein blindes Unterwerfen. Loyalität im konfuzianischen Sinn bedeutet nicht, vom Fürsten oder Vorgesetzten Unfähigkeit und Unrecht hinzunehmen, sondern diese davor zu bewahren. In der Formel *Regieren heißt berichtigen,* brachte Konfuzius zwei im Chinesischen verwandte Begriffe in Zusammenhang.[234] Es ist damit die Aufgabe des Herrschers, den vom Dao abweichenden Kurs der Gesellschaft zu korrigieren. Darum gilt das *Berichtigen der Namen* als grundlegende Maßnahme guter Staatsführung. Wo eine Regierung nicht berichtigt, mahnt der Konfuzianer den rechten Weg an oder zieht sich zurück. Er dient keinem Despoten oder unrechtmäßigen Regenten. Den gegen das Interesse des Volkes Wirkenden entzieht er sich nach dem Beispiel des Konfuzius, der Lu verließ, als der Fürst Lustbarkeiten über Staatsgeschäfte stellte. Der Meister, dem als Grundsatz galt, dass der Edle *Armen hilft, aber nicht Reiche bereichert* [235], distanzierte sich von seinem Schüler Ran Qiu, der als Beamter der Familie Ji, die wohlhabender als das Kaiserhaus war, deren Steuern eintrieb.[236]

Das Mahnen zum rechten Weg, das sich im Staatsdienst wie in jeder menschlichen Beziehung im Widerspruch äußert, ist notwendiges Kennzeichen konfuzianischer Loyalität. *Nie blieben ein Fürst ohne Diener, die ihm widersprechen, ein Vater ohne Sohn, der widerspricht, ein älterer ohne jüngeren Bruder, der widerspricht, ein Gebildeter ohne Freund, der widerspricht, frei von Fehlern. So heißt es, was dem Fürsten entgeht, findet der Diener, was dem Vater entgeht, findet der Sohn, was dem älteren Bruder entgeht, findet der jüngere, was einem Mann entgeht, findet sein Freund. So gefährdet nicht Untergang das Reich, nicht Verwirrung das Haus, unter Verwandten kommt kein Missverständnis auf, und Freundschaft zerbricht nicht.*[237]

Bei der Wahl der Staatsdiener scheide man aus, wer zu schnell antwortet, wer anderen in die Rede fällt oder wer zu viele Worte macht. Wer schnell antwortet, ist habgierig. Wer anderen ins Wort fällt, ist unverschämt. Wer zu viele Worte macht, ist falsch. Beim Bogen geht es erst um Ausgeglichenheit, dann um Kraft. Erst beim gezähmten Pferd nützt Schnelligkeit. Bei den Staatsdienern geht es zuerst um Zuverlässigkeit, dann erst um Kenntnisse und Fertigkeiten. Ein Unzuverlässiger mit großer Fähigkeit gleicht dem reißenden Wolf, den man besser meidet.

Kongzi jiayu

Derart verstandene Kritik beweist Treue, indem sie den Angesprochenen vor Schaden bewahren will: *Ein Vater, dessen Sohn Widerspruch wagt, gerät nicht in Gefahr sittenlosen Handelns. Ein Gebildeter, dessen Freund Widerspruch wagt, tut kein Unrecht. Wie sollte es ein Zeichen der Ehrfurcht sein, folgt der Sohn unter allen Umständen dem Willen der Eltern, wie ein Zeichen von Treue, folgt der Beamte unter allen Umständen dem Willen des Herrn. Nur wer beurteilen kann, wo er zu folgen hat, darf ehrfurchtsvoll und treu genannt werden.*[238]

Doch besitzt der Edle genug Umsicht, sein Leben nicht durch solche Mahnungen zu gefährden, die den Zorn eines Diktators erregen und unbedacht verhallen. In einem Staat ohne Dao *sollte man beherzt handeln, doch seine Worte zurückhalten*[239]. In jedem Fall zieht er den Charakter eines Kritisierten in Betracht, wodurch er keinen Unmut provoziert und die Wahrscheinlichkeit steigert, dass sein Widerspruch Gehör findet. *Ein treuer Diener kann den Herrn auf fünferlei Art mahnen, auf Umwegen, durch unverblümte, unterwürfige, direkte oder ironische Mahnungen. Man muss in jedem Fall bei der Auswahl seinen Herrn berücksichtigen. Im Allgemeinen bin ich für ironische Mahnungen.*[240]

Die wachsame Loyalität, die das Wohl des Ganzen im Auge hat, ist für den Staatsdiener wichtiger als praktisches Können: *Bei*

Beamten ist vor allem Zuverlässigkeit wichtig, dann erst berücksichtige man Wissen und Fähigkeit. Ein Unzuverlässiger mit großen Fähigkeiten gleicht einem reißenden Wolf, dem man besser nicht zu nahe kommt.[241] Dieser Ausspruch verdeutlicht, wie Konfuzius ethische Integrität und Menschlichsein, die sich hier in der Treue erweisen, höher als jeden Sachverstand wertete. Wer Verantwortung trägt, bedarf vor allem der Selbstkritik, des Wohlwollens und der Umsicht in jeder Richtung. Wer diese besitzt, wird sich gerade bei minderer Begabung oder beschränktem Wissen in fachlichen Fragen an entsprechend Ausgebildete wenden. Wo es ums Regieren oder Entscheiden geht, misstraut der Konfuzianer dem Experten, der über seiner Meisterschaft in einem begrenzten Gebiet das Ganze aus den Augen verlieren könnte. Als jemand wünschte, in der Schule des Konfuzius sollte auch Acker- und Gartenbau unterrichtet werden, wies der Meister das zurück. Dies sei Sache eines erfahrenen Bauern oder Gärtners. Der edle Politiker, der aus seiner Schule hervorging, sollte kein Spezialist sein, sondern ein Generalist des Dao, der im administrativen Herzen des Staates Anstand, Sitte, Pflicht und Wahrhaftigkeit praktiziert. Dient er so als Vorbild, wenden sich überall in seinem Einflussbereich die Verhältnisse zum Guten. In ein so attraktives Land *kommen die Menschen aus allen vier Richtungen mit ihren Kindern auf dem Rücken herbei. Was braucht er dafür Unterweisung in Ackerbau?*[242]

Eine Episode in «Kongzi jiayu» schildert, wie das Beispiel des Edlen so das Land ordnet. Der Meister reiste in eine Provinz, für deren Verwaltung Zilu seit drei Jahren verantwortlich war. Der Schüler Zigong, der den Wagen lenkte, wunderte sich, dass Konfuzius, lange bevor sie ankamen, wiederholt die effektive Amtsführung des Zilu lobte: ‹Meister, Ihr habt Zilu noch nicht bei der Verwaltung gesehen und ihn schon dreimal gelobt. Darf ich seine Vortrefflichkeiten erfahren?› Der Meister sprach: ‹*Ich sah ihn beim Verwalten. Als ich sein Gebiet betrat, waren alle Felder gut gepflügt und sorgfältig von Unkraut befreit; alle Gräben und Rinnen waren in Ordnung. So sah ich, dass er durch Sorgfalt und Gewissenhaftigkeit das Vertrauen der Leute gewann, denn sie gaben sich alle Mühe. Seine Stadt betretend, sah ich, wie alle Mauern und Gebäude fest und solide waren und rings die Bäume üppig standen. Das zeigte, dass er treu und zuverlässig ist und dabei weitherzig, denn die Leute legten nichts auf bloßen Schein an. Als ich vor sein Amtshaus kam, war alles ganz still und leer, und jeder Diener ging seiner Beschäftigung nach. Das zeigte, wie er mit Weisheit und Scharfblick Prozesse entschied, denn seine Verwaltung vollzog sich ohne Störung. Von daher wird klar, dass ich nicht zu viel sagte, als ich ihn dreimal lobte.›*[243]

Der gute Regierende bedarf keiner oder weniger direkter Interventionen in konkrete Bereiche wie die Landwirtschaft oder die Verteidigung. Damit Befasste und darin Erfahrene tun alles ihnen nur Mögliche, wenn sie Achtung und Vertrauen zu ihm haben dürfen. Shun, ein mythischer Herrscher der Vorzeit, regierte nicht aktiv, lobte Konfuzius. Er saß einfach aufrecht auf seinem Thron.[244] Wer sich nur selbst beherrscht und bessert, vermag ohne Schwierigkeiten andere zu regieren.[245] Er *gleicht dem Polarstern, der an einem Ort ruht, während andere Sterne ihn umkreisen*[246]. Hätte das Reich in diesem Sinn seine Mitte im Sohn des Himmels, der im Einklang mit dem Dao lebte, befände sich alles in natürlicher Harmonie. Der Kaiser, als Verkörperung der Li ein Bindeglied zwischen Himmel und Gesellschaft, brauchte keine Befehle auszusprechen. Wäre alles bestens, müsste gar nicht *regiert*, also *gebessert* werden. In diesem Sinn lässt

«Wie groß waren Shun und Yu, die über die Welt herrschten, ohne selbst etwas zu tun.» (Lunyu VIII, 18) Idealporträt des mythischen Kaisers Yu, der ohne Befehle herrschte

sich von einem konfuzianischen Anarchismus sprechen: Der menschlicher Gemeinschaft angemessene Zustand wäre ein herrschaftsloser, in dem das Beispiel derer mit tiefer Einsicht ordnet und Gesetze überflüssig werden.

Gesetze bleiben als Maßnahmen zur Harmonisierung des sozialen Lebens Flickwerk und führen oft zum Gegenteil dessen, was man verordnen will. Es werden die Lücken im Gesetz gesucht, man streitet um die Auslegung oder hält sich nur aus Angst vor Strafe an das Ver- oder Gebotene. *Regiert man durch Vorschriften und ruft durch Strafen zur Ordnung, entzieht sich das Volk diesen und wird schamlos.* Regiert man dagegen durch Menschlichsein und die Li, entwickelt das Volk Schamgefühl.[247] Einem Politiker, der im Sinne des Legalismus fragte, ob nicht rigoroses Anwenden der Todesstrafe alles zum Besseren wandeln könnte, antwortete Konfuzius: *Weshalb zum Regieren töten? Wollt Ihr wahrhaft das Gute, wird das Volk gut. Regent und einfacher Mann gleichen dem Wind und dem Gras. Das Gras neigt sich, wie der Wind bläst.*[248]

«Weshalb zum Regieren töten?» Hinrichtungsaxt der Shang-Zeit, 12./11. Jahrhundert v. u. Z.

Bedeutend ist somit die Rolle des Vorbilds. Der Herrscher muss dem Volk als gutes Beispiel *vorangehen*[249]. Diese Aufgabe folgt aus dem konfuzianischen Betonen der Rückbezüglichkeit (shu) des sozialen Verhältnisses, dessen Erwägen den Edlen zum Menschlichsein führt. Der Fürst muss seinen Untertanen nicht vorschreiben, sondern vorzeigen, was geschehen soll, so wie in allen Beziehungen vor allem das Beispiel zählt: *Wer seinem Herrn nicht dienen kann und von einem Diener dennoch Dienste fordert, fehlt gegen die Wechselseitigkeit. Wer seine Eltern nicht ehrfurchtsvoll behandeln kann und Söhne hat, von denen er dennoch Achtung fordert, fehlt gegen die Wechselseitigkeit. Wer den älteren Bruder nicht ehren kann und vom jüngeren Bruder dennoch Gehorsam fordert, fehlt gegen die Wechselseitigkeit.*[250]

Vorbildhaftigkeit verlangt dabei keine Perfektion. Es reicht, einfach erkennbar sein Bestes zu geben, sei es auch mit Mängeln behaftet. Ein Politiker, der den Rat des Konfuzius hörte, er solle Gute und Begabte bei der Besetzung von Ämtern vorziehen, entgegnete, er könne kaum alle Guten und Begabten kennen. Konfuzius meinte darauf, es genüge vollauf, wenn er ihm bekannte Gute und Begabte fördere. Durch deren Wirken kommen von selbst weitere Fähige in die Verwaltung.[251]

Konfuzius wusste, dass der herrschaftslose Zustand der frühen Geschichte, in dem die Gesellschaft wie der Lauf der Jahreszeiten funktionierte, sich nicht mehr oder zumindest nicht kurzfristig herstellen ließ. Daher ging es darum, nach Maßgabe des Möglichen zu bessern. Hierzu waren Gesetze eine Möglichkeit, und der Meister äußert sich bei aller Distanz zu legistischem Vorgehen positiv über Zichan, den Minister des Staates Zheng, der ein Recht mit Strafnormen einführte.[252]

Die Teilstaaten des chinesischen Reichs besaßen für Konfuzius unterschiedliche Qualität, die sich nach dem Maß richtete, in dem die Werte des Altertums lebendig waren. Das kriegerische Qi wäre durch Reformen auf den Stand von Lu zu bringen. Lu, das sich stärker an der Vergangenheit orientiert, könnte durch Reformen auf den rechten Weg gelangen.[253] Man darf bei der Kurskorrektur allerdings keine Eile haben. *Wer das schnelle Ergebnis anstrebt, ändert nichts Grundlegendes; wer kleine Vorteile sucht, bringt nichts Großes hervor.*[254] Würde ein Staat ohne Unterbrechung hundert Jahre von guten Menschen regiert, wäre es mit den Kapitalverbrechen vorbei, und die Todesstrafe wäre überflüssig.[255]

Neben dem *Berichtigen der Namen* als wesentlichem Inhalt des Regierens riet Konfuzius den Herrschern und Politikern seiner Zeit zu zahlreichen Einzelmaßnahmen, die zum rechten Weg zurückführen. Einander korrigierende Teamarbeit schätzte er im Sinn der Bezogenheit mehr als einsame Entscheidungen. So vermerkte er voller Hochachtung über Zichans Kabinett: *Bi Shen entwarf ein Schriftstück. Shishu prüfte es und besserte es. Außenminister Ziyu überarbeitete den Stil. Zichan von Dong Li brachte alles zur letzten Fassung.*[256] Besonders in Notzeiten rief er zur Sparsamkeit auf. *In üblen Jahren benützt man geringe Pferde, Frondienste unterbleiben, die großen fürstlichen Poststraßen werden nicht ausgebessert. Bei den Gebeten bringt man keine Seidenstoffe und Edelsteine dar, beim Ahnenopfer macht man keine Musik, beim großen Opfer bringt man nur wenige Tiere dar. Durch diese Dinge tut ein guter Fürst der Sitte entsprechend sich selber Abbruch, um sein Volk zu retten.*[257]

Generell war der Meister der Auffassung, der Regierende müsse seine Ansprüche zurücknehmen, um das Volk von Last zu befreien. Einem Fürsten riet der Meister, gering zu besteuern und wenig auf Fronarbeit der Bevölkerung zurückzugreifen, damit das Volk wohlhabend wird, und es zudem durch entsprechende Aufklärung vor Krankheiten zu schützen. Als der Beratene meinte, sein Staat sei zu arm für solche Maßnahmen, zitierte Konfuzius einen Vers aus dem «Buch der Lieder», in dem es heißt, ein guter Fürst sei dem Volk Vater und Mutter, und fragte dann: *Wie könnte der Vater arm bleiben, wenn die Kinder reich sind!*[258]

Die Entwicklung der Schule

Nach dem Tod des Meisters kam es dem Buch «Mengzi» zufolge zu einer Diskussion, die eindrucksvoll die nicht-metaphysische Atmosphäre der Schule illustriert, in der vor allem Form und Stil zählten. Einige Schüler wollten einem aus ihrer Mitte, dessen Äußeres dem des Konfuzius ähnelte, fortan die dem Gründer gebührende Achtung entgegenbringen. Zeng Shen, der mit der Autorität eines Meisters sprach, hielt diese Praxis für unangemessen. Er argumentierte, keiner könne jemals die Rolle des Konfuzius einnehmen, womit er seine Haltung gegenüber den unersetzlichen Eltern auf den Lehrer übertrug.

Damit gab es keinen offiziellen Nachfolger als Haupt des Konfuzianismus. Einzelne Anhänger pflegten und entwickelten das Erbe des Meisters weiter. Für die früheste Zeit lassen sich kaum

Der «Konfuzius-Wald»: Friedhof für die Nachkommen des Meisters in Qufu

eindeutige Unterschiede ihrer Interpretation festlegen, da Zuschreibungen überlieferter Werke nicht sicher sind und die Texte zudem in späterer Redaktion existieren. Zeng Shen gilt als Autor des «Daxue», eines Werks über die Veredelung des Menschen. Der in «Lunyu» als bescheiden geschilderte Qidiao Kai [259] beschäftigte sich mit dem Wesen des Menschen, womit sich andeutet, dass die Schule die Praxis des Meisters zunehmend theoretisch reflektiert. Auch die Schüler Zizhang, Zixia, Yan Yuan und Ziyou sollen lehrend tätig gewesen sein.

Bedeutenden Einfluss erlangten die Theorien des Buches «Zhongyong», als dessen Autor man traditionell Konfuzius' Enkel Zisi nennt. Hier zeigt sich in der Schule erstmals eine ausgeprägte metaphysische Tendenz, indem das Wahre (cheng), die Mitte (zhong) und die Harmonie (he) als Himmel und Erde tragende Prinzipien galten. Zisi konnte auf der Hochachtung des Meisters für das «Buch der Wandlungen» aufbauen, in welchem die Wirklichkeit des Menschen als ganzheitlicher, geordneter Kosmos erscheint, dessen Elemente aufeinander bezogen sind.

Die erste umfassende Kritik, deren Herausforderung erheblich zur theoretischen Ausgestaltung des Konfuzianismus beitrug, entstand mit der konkurrierenden Schule des Mohismus. Diese begann mit dem acht Jahrzehnte nach Konfuzius gleichfalls in Lu geborenen Mo Di [260] (ca. 470–400), dessen Denken wahrscheinlich im Umkreis der Konfuzianer geprägt wurde. Er nimmt erstmals von diesen deutlich formulierte Gedanken auf und radikalisiert sie. Die Differenzen werden in Konfuzius' und Mo Dis jeweiligen Entwürfen deutlich, wie die soziale Wirklichkeit aussehen soll. Konfuzius strebte eine Gesellschaft mit festgelegten Pflichten für die Rolle eines jeden an. Was Regenten oder Beamte, Mann oder Frau, Eltern oder Kinder, Politiker oder Bauern taten und wie dies geschah, regelten die Riten. Die damit betonten Unterschiede in den Beziehungen von Mensch zu Mensch hoben die Li auch darin hervor, dass man um Angehörige je nach Verwandtschaftsgrad auf besondere Weise trauerte. Konfuzius, für den sich die Menschen von Natur aus glichen, bejahte so in der Praxis auftretende Ungleichheiten und betonte sie durch die Riten. Menschliche Kultur bedeutete ihm Verschiedenheit. Die gemeinsame Mitte der voneinander abweichenden Einzelnen weist auf die natürliche

Gleichheit, sie besteht im Menschlichsein als Bezogenheit aller aufeinander. Der Regierende muss befehlen, doch im Ausüben der Macht das Wohl des Ganzen im Auge haben; der Beamte muss gehorchen, aber Widerspruch und Widerstand leisten, ist das allgemeine Wohl gefährdet. Dass man ungeachtet der Abkunft lernend zum Edlen wird und die Gesellschaft die Guten fördern soll, bedeutet Chancengleichheit. Doch bestand für Konfuzius kein Zweifel, dass nur wenige aus Einsicht und bewusster Überwindung ihrer Egozentrik den Li folgen, während der Großteil des Volkes durch Vorbild und Lenkung dazu gebracht werden muss.

Mo Di forderte die natürliche Gleichheit auch im realen gesellschaftlichen Leben. Verschiedene Stellungen und Pflichten führen zu einer konfliktreichen sozialen Scheidung (bie), die eine Ordnung der Gemeinsamkeit (jian) überwinden soll. Menschlichsein bedeutet Mo Di darum kein Zurück zu den trennenden Li, sondern eine «allgemeine Liebe» (jian ai), die immer und überall auf Gleichheit zielt. Man soll jeden anderen Menschen so wichtig nehmen wie sich selbst und anderen Familien, Kindern oder Ländern so begegnen, als wären es die eigenen. Kriterium allgemeiner Liebe ist der wechselseitige Nutzen (xiang li), der allen Mitgliedern der Gesellschaft wie einem selbst aus Taten erwächst, die von ihr getragen werden. Behandelt jeder mein Kind wie sein eigenes und behandle ich alle Kinder wie meine, ist dies für jedes Kind das Beste. Mo Di verstand gegenseitigen Nutzen vor allem im materiellen Sinn. Wo geteilt wird und einer sich dem anderen zuwendet, steht den Menschen genug Nahrung, ausreichend Wohnraum, Kleidung und Brennstoff zur Verfügung. Die geeinte Gesellschaft allgemeiner Liebe erfährt, weil jeder in ihr zum Wohl aller produktiv arbeitet, eine stete Mehrung an Gütern. Diese mohistische Lehre von der Mehrung orientiert sich am unmittelbar Nützlichen. Wohnungen, Fahrzeuge und Gebrauchsgeräte sollen lediglich zu ihrem Zweck taugen. Jedes Verzieren oder Verschönern vergeudet wertvolle Arbeitskraft und

> Nach den Konfuzianern soll der Edle die Gewänder des Altertums tragen und dessen Sprache sprechen, um als sittlich zu gelten. Hier ist einzuwenden, daß Sprache und Gewänder des Altertums früher auch neu waren. Jene die sich entsprechend kleideten und sprachen, waren somit keine Edlen. Machen uns also Sprache und Kleidung von jenen, die keine Edlen waren, tugendhaft?
>
> Mo Di

könnte durch das Element persönlichen Geschmacks oder ein Bezeichnen von Rangordnung in schmückendem Beiwerk ein Schritt zur Trennung der Menschen sein. Mit einem Schiff bewegt man sich auf dem Wasser fort. Nur was dem technisch dient, ist nützlich. Der Aufwand, mit dem man ein Schiff dem Auge gefällig macht, sollte der Mehrung des Schiffsbaus zukommen.

Vor diesem Hintergrund ist alles Verschwendung, was Konfuzianern als Element edlen und kultivierten Lebens gilt. Die zwischen Einzelnen, ihren Stellungen und Pflichten unterscheidenden Riten werden überflüssig. Musizieren wie Musikgenuss bedeuten den Mohisten unnütze Zeitverschwendung, die kein Essen herbeischafft. Vehement wenden sie sich gegen in ihren Augen volkswirtschaftlich sinnlose Betätigungen wie Instrumentenbau, Musikstudium und Konzerte.

Die Betonung des Nutzens lässt den Unterschied zum Konfuzianismus, dem die Li Selbstzweck sind, deutlich werden. Auch die Schule des Konfuzius verlangt, dass Herrschende nicht verschwenden und die Versorgung der Bevölkerung sicherstellen. Doch ist es über Kleidung und Essen im nicht materiellen Sinn Hinausgehendes – wie die Riten, anregende Gespräche, Lyrik und das von Zeng Xi gerühmte Singen mit Freunden im angenehmen Wind des späten Frühlings –, das dem Konfuzianer sein Leben erst menschlich macht. Daran hält er sogar fest, wenn er im Verschlag haust, in Lumpen gekleidet ist und sich neben Wasser aus der Kürbisschale mit einem gelegentlichen spärlichen Mahl begnügen muss. Hier sieht er sein Dasein von dem der Tiere unterschieden, in deren Herden man sich auch zur Nahrungsbeschaffung und Reproduktion gegenseitig nutzt. Als Mensch kann und will er frei von bloßen Nützlichkeitserwägungen agieren. Mo Di setzte sich bewusst vom konfuzianischen Edlen ab, indem er sich einen «gemeinen Mann» (jian ren) nannte. Er misstraute dem Gelehrten, der sich von der Welt zurückzieht, wenn ihm kein würdiger Fürst ein Amt gibt.[261] Dies und der Gedanke, die Gesellschaft wende sich quasi automatisch zum Guten, diene der Edle nur als Vorbild, erschien den Mohisten als Fatalismus, der eine Gesellschaft der Effizienz und des Nutzens behindert. Darum sollten nach Mo Di nicht in zweckloser Kultur gebildete Edle den Staat führen, sondern fähige Menschen, die das Ideal allgemeiner Liebe und Gleichheit mit größtem Fleiß, Sachverstand und Arbeitswillen verbinden. Diesen Führern gebührt als Lohn Ruhm und ein höheres Entgelt als durchschnittlichen Arbeitern, das sie dann zum Nutzen aller verwenden. An ihrer Spitze steht als Tüchtigster der Sohn des Himmels, der nach Mo Di sein Mandat allerdings nicht vom Himmel erhielt, sondern von den Menschen, die in der unzivilisierten Urgesellschaft geordnete Verhältnisse wünschten und durch Wahl den Besten als Regenten einsetzten.

Widerspruch spielt im Gesellschaftsentwurf des Mo Di eine geringe Rolle. Führende werden weniger von ihren Untergebenen kontrolliert, als dies Konfuzius vorschwebte. Übermenschliche Instanzen sollen Gewähr bieten für Liebe und Gleichheit unter den Menschen. Der Himmel und die Geister, die bei Konfuzius vor dem Vermögen des Einzelnen zur Selbstüberwindung weit in den Hintergrund traten, bewachen, belohnen und bestrafen nach mohistischer Sicht die Werke der Menschen. Die allgemeine Liebe entspricht dem Willen des Himmels, der allen gleichermaßen Licht schenkt. Wer ihm zuwiderhandelt, den ziehen Geister zur Rechenschaft. Widmen die Mohisten der Geisterlehre große Aufmerksamkeit, ist dies die Konsequenz ihrer Auffassung von Nutzen und Mehrung. Der Aufbau einer schmuck- und schnörkellosen Gesellschaft der Gleichheit, in der nichts Selbstzweck sein durfte, brauchte seinerseits eine Begründung, um nicht ohne Zweck zu scheinen. Diese wird mit dem Willen des Himmels gegeben, durch den allgemeine Liebe als letzten Gesetzen entsprechende Notwendigkeit erscheint. Maßregelnde Geister dienen der Kontrolle der Tüchtigen an der Spitze der Gesellschaft wie aller anderen, damit gegenseitiger Nutzen nicht zum Eigennutz verkommt. Offenbar war ein solches Korrektiv unausweichlich für einen Entwurf, in dem Arbeit und Fleiß keinen Lohn in zweckfreiem Genuss finden.

Der Lehre entsprechend unterschied sich die Institution der mohistischen Schule erheblich von der konfuzianischen. Ihre autoritäre Organisation besaß ein gewähltes Oberhaupt, dem das einzelne Mitglied Gehorsam schuldete. Genaue Regeln verpflichteten es, den Prinzipien Mo Dis entsprechend zu leben.

Die auf materiellen Nutzen orientierte Gesellschaft ohne Klassenschranken, deren Verwirklichung einem objektiven Gesetz entspricht und die von einer straff organisierten Avantgarde errungen wird, zeigt inhaltlich wie organisatorisch strukturelle Ähnlichkeiten mit Ideologie und Parteiaufbau der maoistischen Baumeister des modernen China. Tatsächlich diskutierte man in der Volksrepublik während der siebziger Jahre Mo Di als progressive historische Alternative zu Konfuzius. Eine weitere Herausforderung fand der frühe Konfuzianismus in der Lehre des Yang Zhu (ca. 440–360 v. u. Z.). An diesen erinnert sich die chinesische Literatur mit der Erzählung, er habe in der Diskussion abgelehnt, ein kleines Körperhaar zu opfern, wenn er damit die ganze Welt retten könnte. Yang, von dem keine Texte erhalten sind, schien die Idee zu vertreten, es sei für alle das Beste, wenn jeder sich selbst wichtig nimmt. Keine andere Gegebenheit, weder Natur oder Himmel, noch Regeln der Sittlichkeit oder der Kaiser stehen über dem Selbstwert des Einzelnen und seinen Bedürfnissen. Reagierte Konfuzius auf die neue Bedeutung des Subjekts, indem er Selbstüberwindung in der Rückkehr zu den Li empfahl, und setzte Mo Di auf ein solidarisches Gemeinwesen, wurde bei Yang Zhu der Einzelne zum Selbstzweck.

Mengzi[262] (ca. 370–280), der beim Schüler eines Schülers des Zisi lernte und der konfuzianischen Tradition als bedeutendster Denker nach dem Gründer gilt, reagierte auf die konkurrierenden Strömungen. Den Mohismus und Yangs Gedanken lehnte er als extrem ab. Yangs Egoismus (weiwo) führe durch Überbewertung des Subjekts ebenso zur ungeord-

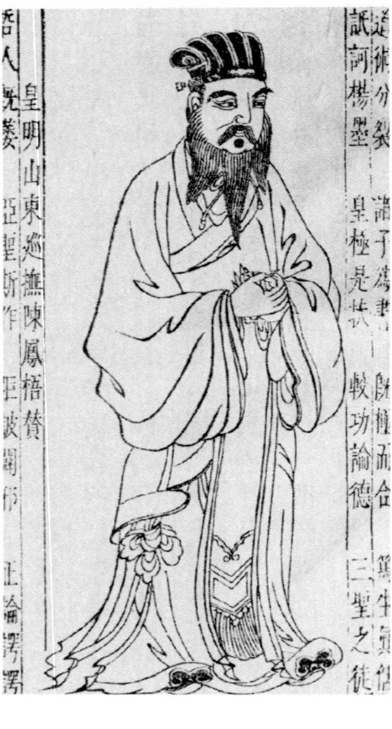

Idealporträt des Mengzi (Menzius)

neten Gesellschaft wie die allgemeine Liebe des Mo Di, die natürliche Rollenunterschiede wie zwischen Eltern und Kindern verwische. Besonders widersprach Mengzi der Idee des Nutzens. Auch wenn nicht als Eigennutz, sondern in wechselseitigem Sinn verstanden, mündet Orientierung auf Zweck und materielle Mehrung immer in egozentrischem Profitstreben. Mengzi hielt dem die Pflicht (yi) des Einzelnen entgegen, die als dritte wesentliche Tugend neben Menschlichsein und die Li trat. Im Unterschied zur auf Gleichheit zielenden allgemeinen Liebe nimmt Pflichterfüllung dem jeweiligen Verhältnis zwischen Menschen entsprechend verschiedene Ausdrucksformen an. Mohistischer Undifferenziertheit sozialer Beziehungen begegnete Mengzi mit der Lehre fünf grundlegender zwischenmenschlicher Beziehungen: 1. Eltern und Kind, 2. Vorgesetzter und Untergebener, 3. Mann und Frau, 4. Alt und Jung, 5. Freund und Freund, denen jeweils spezifischer Charakter zukommt. Mit dem Zurückweisen der Gegner zieht so im Vergleich zum aphoristischen Stil des «Lunyu» zunehmend Systematik in den Konfuzianismus ein.

Extremer als die Mohisten verwischte die «Schule der Ackerbauer» (nongjia) die Grenzen gesellschaftlicher Funktionen bis zum Infragestellen der Arbeitsteilung. Sie forderte einen Regenten, der aktiv und manuell bei der Nahrungsproduktion mitwirkt. Mengzi verteidigte die Notwendigkeit verschiedener Aufgaben und Handwerke, käme doch ein Mensch niemals zur Ruhe, müsste er alles von ihm Benötigte selbst produzieren. Regierende, die den großen Überblick wahren, können daneben kein Feld bestellen.

Trotz aller Gegnerschaft berücksichtigte Mengzis Neuinterpretation der Lehre des Konfuzius von Konkurrenten gelieferte Motive. Vor dem Hintergrund des Gleichheitspostulats der Mohisten legte er den konfuzianischen Gedanken, die Menschen glichen einander von Natur, im Sinn eines angeborenen Gutseins aus: Jeder besitzt positive Anlagen, die durch Übung entfaltet werden: Mitempfinden zu Menschlichsein (ren), Scham zu Pflichtgefühl (yi), Bescheidenheit zum Halten der Li. Zudem ist in einem jeden angelegt, gut von schlecht zu unterscheiden, woraus sich Weisheit entwickeln kann. Ein Beweis angeborenen Gutseins ist die spontane Liebe des Kindes zu den Eltern, die nicht erlernt werden muss. Der

Weg zur Veredelung wird damit die Rückkehr zur wahren Natur des Menschen, die den Willen des Himmels ausdrückt. Ihn vollstreckt der im Grund gute Mensch und wendet so die Welt früher oder später zum Besseren. Auch Mo Di hatte in dieser chaotischen Epoche auf den Himmel als Garanten der Ordnung zurückgegriffen. Folgt Mengzi dem, drückt dies in der «Zeit der Streitenden Reiche» (481 – 221 v. u. Z.), in der konfuzianischen Gedanken kaum Einfluss zukam, seine Hoffnung auf deren schließlichen Durchbruch aus. Wie sein Vorbild Konfuzius zog er durchs Reich und suchte vergeblich den Fürsten, der nach seinem Rat regierte.

Xunzi[263] (ca. 310 – 230 v. u. Z.), der nächste bedeutende Denker konfuzianischer Schule, lebte am Ende der «Zeit der Streitenden Reiche». 256 erlosch das nominelle Zhou-Kaisertum. Der Staat Qin gewann zunehmend Macht und einigte 221 das Reich unter seiner Dominanz. Zwar begrüßten die Konfuzianer die Tendenz, zerstrittene Kleinstaaten in einer übergreifenden Ordnung zu integrieren. Doch vollzog sich dies nicht nach dem von ihnen favorisierten Modell der Vorbildhaftigkeit edler Regierung, die andere zum Anschluss animiert, sondern wirtschaftlich und militärisch überlegene Fürsten überwältigten aus Machtgier die Schwächeren.

In dieser Situation revidierte Xunzi die Idee Mengzis, der Himmel wirke durch menschliches Handeln. Er trennte die Aktivität des Himmels von jener des Menschen, um dessen Verantwortlichkeit zu betonen. Der Himmel vollzieht sein Gesetz im Wechsel von Tag und Nacht, der Bewegung der Himmelskörper und der Folge der Jahreszeiten. All dies geschieht unbeeindruckt durch die menschliche Praxis und ohne zwingenden Einfluss auf diese. Das Wirken von Sonne und Mond wie der Wandel des Wetters mit den Jahreszeiten bleiben gleich, ob man gut oder schlecht regiert, richtig oder falsch Ackerbau betreibt. Es ist Sache des Menschen, zur rechten Zeit am rechten Ort zu säen, wenn er ernten möchte. Offenbar wollte Xunzi den Anschein des Fatalismus überwinden, den die Mohisten dem Konfuzianismus vorwarfen. Der Mensch darf sich nicht auf automatisches Durchsetzen des Guten verlassen, er muss es selbst bewirken. Der Himmel drückt nicht seinen Willen durch den Menschen aus, sondern Letzterer muss durch eigene Anstrengung mit der Harmonie des Himmels in Einklang kommen. Im Gegensatz zu Mengzi behauptet Xunzi daher, der

Mensch sei grundsätzlich böse. Er wird mit Begierden und Trieben geboren, deren Ausleben sozialer Harmonie zuwiderläuft. Der Weg der Veredelung ist ein Kampf gegen das dominierende Schlechte in der eigenen Natur. Die Besonderheit des Menschen besteht nicht in seinem Gutsein, sondern darin, dass er Gutes wollen und darin sich selbst, die eigene Gemeinheit und Normalität überwinden kann. Der Impuls zum Gutsein muss allerdings von außen kommen. Lehrer und Vorbilder, die das Gute demonstrieren, sind unverzichtbar.

Neben dem altkonfuzianischen Wert des Lernens hebt Xunzi wieder die Li hervor, die vor Mengzis Betonen der Pflicht etwas verblassten. Der neue Hinweis auf die Li hängt mit dem Bild vom Menschen als sich lernend Mühendem zusammen. Ohne unmittelbare Hilfe des Himmels muss er den Einklang mit den Gesetzmäßigkeiten des über ihn hinausgehenden objektiven Daseins herstellen. Doch sind diese als Mittel der Übung mit den Li lebenspraktisch vorgegeben.

Xunzi nennt die Gesetze objektiven Daseins gleichfalls Li, schreibt sie aber mit einem anderen Schriftzeichen, das die Struktur oder Maserung eines Steins bezeichnete. Die Li als Riten und Formen der Sittlichkeit werden so durch die Li als Strukturen der Wirklichkeit oder «Prinzipien», wie sie die westliche Literatur oft bezeichnet, überhöht. Dass die Natur eine objektive Ordnung und damit Unterschiede aufweist, mit denen das soziale Leben harmonieren muss, ließ sich der Gleichheitsidee der Mohisten entgegenhalten: Die bloße Existenz von Erde und Himmel zeigt physisch den Unterschied von unten und oben, der sich auch in der Gesellschaft niederschlagen soll. Vor diesem objektive Strukturen anerkennenden Hintergrund nähert sich Xunzis Konfuzianismus dem Legalismus, indem er Vorschriften als Mittel der Erziehung zu Sittlichkeit und Menschlichsein gelten lässt.

Nach einem Verbot ihrer Texte während der legalistisch bestimmten Qin-Herrschaft (221–206 v. u. Z.) wurde die konfuzianische Schule während der Han-Dynastie (206 v. u. Z.–220 u. Z.) unter Beibehalten der Nähe zum Legalismus durch ihren Denker Dong Zhongshu (180–115 v. u. Z.) zur Staatsideologie des chinesischen Reichs. Bis zum Ende der Qing-Dynastie und damit des chinesischen Kaisertums (1911) waren die konfuzianischen Klassiker wesentlicher Prüfungsstoff zur Qualifikation für den Staatsdienst. Konfuzianismus wurde so zum Identifikations- und Integrationsfaktor des chinesischen Reichs und seiner Kultur. Konfuzianer wie Han Yu (768–824) wandten sich deshalb im Namen chinesischer Zivilisation gegen buddhistische Einflüsse aus Indien, wie später konfuzianische Gelehrte der Ming-Dynastie (1368–1644) gegen das Christentum argumentierten.

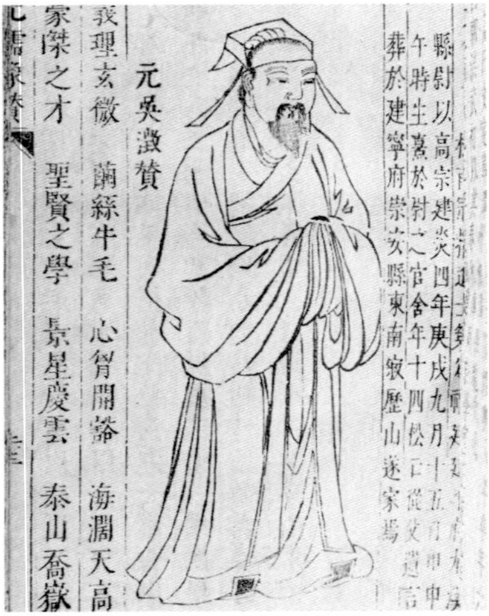

Zhu Xi, der Systematiker

In Zhu Xi (1130–1200), einem durch seinen konfuzianischen Mut zum Widerspruch umstrittenen Gelehrten und Politiker, erwuchs der Schule ein bedeutender Systematiker. Seine Auslegung basierte auf «Lunyu» und den Werken des Zeng Shen («Daxue»), des Zisi («Zhongyong») und Mengzi, denen er als den «Vier Schriften» («Sishu») besondere Bedeutung im Kanon der konfuzianischen Klassiker beimaß. Zhu Xis Kommentaren kam weit über China hinaus großes Gewicht zu, wie konfuzianisches Denken überhaupt in allen von chinesischer Kultur geprägten Ländern wie Vietnam und Korea bleibenden Einfluss erlangte.

Beachtung verdient die wichtige Rolle des Konfuzianismus in der Geschichte Japans. Der Überlieferung zufolge gelangte er im späten 4. Jahrhundert aus Korea ins Land. Als dort im 6. Jahrhundert bis dahin autonome Sippenverbände begannen, sich unter Führung der kaiserlichen Familie allmählich zum Staat zu fügen, wurde der Konfuzianismus ein integrierendes Element. Fürst Shōtoku (574–622), der für Kaiserin Suiko regierte, gab Japan 604 seine erste «Verfassung in 17 Artikeln» («jūshichijōkempō»). Ihr erster Artikel proklamiert in konfuzianischem Sinn Harmonie als zentralen sozialen Wert. Die Verfassung ruft Staatsdiener zur

Selbstkritik auf und betont das Zurückstellen eigener Interessen vor denen der Gesellschaft. Der Konfuzianismus regte eine japanische Geschichtsschreibung an, deren bedeutendstes frühes Werk «Nihongi» (720) das Werden des Landes von der Epoche der Götter bis in die historische Zeit darstellt. Auch wurden Beamte auf der Grundlage konfuzianischer Klassiker ausgebildet.

Fürst Shōtoku, der 604 die erste konfuzianisch geprägte Verfassung Japans erließ. Rollbild, 18. Jahrhundert

Während der Kamakura-Periode (1185–1333) führten buddhistische Priester, die sich zu Studien in China aufhielten, die Systematik des Zhu Xi in Japan ein und lehrten sie in ihren Tempeln. Es mag verwundern, dass besonders Klöster der die Meditation betonenden Zen-Schule sie pflegten, denn Zhu Xi sprach sich vehement gegen deren Lehre und Meditation aus. Buddhisten würden sich durch ihr regungsloses Stillsitzen nicht zum Besseren wandeln, kritisierte er.[264] Nicht der Weg nach innen führt zum Menschlichsein, sondern das Halten der Li, also das Disziplinieren der äußeren Form. Trotzdem gibt es Berührungspunkte, wird doch das stille Sitzen im Zen weniger als Abkehr von der Form verstanden, sondern als konkreter und ritualisierter Vollzug des Sitzens, der Menschen zum Buddha macht.[265] Zudem vertrat Zhu Xi in «Yanping dawen» («Gespräche mit Yanping») selbst eine Methode stillen Sitzens (jingzuo), die dem Wahrnehmen der Strukturen der Wirklichkeit (li) helfen soll.

Allmählich löste sich das konfuzianische Studium nach Zhu Xi aus den buddhistischen Tempeln und wurde von der Samurai-Schicht aufgenommen. Diese Kriegerklasse, nicht wie in China der gelehrte Beamte, trug in Japan die Staatsverwaltung. Ihre Rezeption der Gedanken von Pflicht, Formvollendung, Selbstüberwindung und Menschlichsein führte zur Entwicklung des «Dao des Kriegers» (bushidō), einer Lehre, die den Samurai als Edlen sah, der durch korrektes sittliches Verhalten der ganzen Gesellschaft zum Vorbild wird.

In der Tokugawa-Periode (1603–1868) wurde der Konfuzianismus staatstragende Lehre. Die Shōgune der Familie Tokugawa regierten über ein hierarchisches System, wobei Samurai-Sippen das Land verwalteten. Als die Krieger die Überlieferung aufnahmen, verschoben sich Akzente: In der chinesischen Schule war der Widerspruch, den der weiter blickende Gelehrte seinem Vorgesetzten oder Herrscher gab, von größter Bedeutung. Erwies sich die Regierung als so schlecht, dass Rat und Mahnung umsonst waren, entzog oder verweigerte er sich dem Herrscher. Allerdings durfte der Samurai als Soldat seinem Vorgesetzten keinen Befehl verweigern oder gar desertieren. Darum galt in Japan die Treue, die man dem Übergeordneten schuldet, als unbedingt. Der Samurai soll und darf ihn auf drohende Gefahren hinweisen, doch gilt die Pflicht des Gehorsams sogar dann, wenn er erkennt, dass durch einen Fehler des Vorgesetzten der Untergang droht. Pflichterfüllung steht vor dem eigenen Leben oder der Rücksicht auf unmittelbare Angehörige. Damit gab der japanische Konfuzianismus der Gesellschaft größere Bedeutung als der Familie, indem man den Staat als umfassende Form der Familie interpretierte. Wie die Rolle der El-

Die Sonnengöttin Amaterasu, von der Japans Kaiser abstammen

tern und des Kindes von Natur aus festliegen, bestanden die Loyalitäten des Samurai und seiner Angehörigen gegenüber der ihm vorgesetzten Familie von Geburt an. Die Treueverpflichtung wurde vom Vater auf den Sohn weitergegeben.

In Japan entstanden eigene Interpretationsrichtungen der Lehre, deren bedeutendste die Mito-Schule wurde. Sie führt ihren Namen nach der Provinz, die Mitsukuni Tokugawa (1628–1700), ein Enkel des Gründers des Tokugawa-Shōgunats, beherrschte. Mitsukuni machte die Auslegung des Zhu Xi in der von ihm verwalteten Region zur Grundlage der Regierung. In seinem Auftrag wurde eine in der Folge einflussreiche Geschichte Japans verfasst, welche die Rolle der kaiserlichen Familie als wesentliches Objekt der Verehrung betont und die oberste Autorität dem Kaiser zuschreibt, dem jeder Mensch des Landes unbedingte Loyalität schuldet.

Die Interpretation, die der japanische Kaiser erfuhr, unterschied sich damit vom Sohn des Himmels im chinesischen Konfuzianismus. Konnte Letzter prinzipiell das Mandat des Himmels verlieren, um einer neuen und besseren Dynastie zu weichen, war

dies in Japan nicht der Fall. Nach dem Hausmythos der kaiserlichen Familie stammt sie direkt von der Göttin der Sonne ab. Diese leibliche Nachkommenschaft kann nicht von ihm abgelöst werden. Der Kaiser ist damit in einem ganz konkreten Sinn Sohn des Himmels und als solcher gleich dem eigenen Vater unersetzbar. Die Staatsideologie des Tokugawa-Shōgunats trug zu dessen Untergang bei, indem sie 1868 unter Kaiser Meiji die Wiederherstellung der führenden Rolle des Kaisers legitimierte. Die Regentschaft des Kaisers Meiji war durch die Öffnung für Errungenschaften des Westens gekennzeichnet, die seit der 1853 angedrohten amerikanisch-russischen Invasion Japans immer mehr an Bedeutung gewann, wollte man dem Schicksal einer Kolonisation oder fremden Hegemonie entgehen. Wie man im 4. Jahrhundert das konfuzianische Erbe Chinas und die buddhistische Kultur Indiens rezipierte, ging es nun darum, europäische Wissenschaften, Technik und Kultur zu erlernen. Dass sich dies ohne Preisgabe eigener Identität vollziehen konnte, beruht nicht zuletzt auf dem konfuzianischen Erbe, das zum Zugewinn durch Lernen ermuntert und zugleich die Bedeutung des Alten betont. Die Aufnahme fortschrittlicher Errungenschaften des Westens sollte nicht die angestammte Kultur und bewährte Weisen des sozialen Lebens vernichten. Kaiser Meiji erließ 1890 das Edikt «Kyōikuchokugo», das die in der Schulerziehung geltenden Werte festschrieb. Es hebt die Bedeutung des Kaiserhauses, das Wesen des Volks als großer Familie und eine praktische Ethik hervor, die auf den fünf von Mengzi gelehrten menschlichen Beziehungen beruht. Das Edikt erlangte weit über die Regelung der Schulerziehung hinaus Bedeutung als ideologische Grundlage des Staats. Der konfuzianische Philosoph Tetsujirō Inoue (1855–1944) nahm es zum Anlass einer Kritik am Christentum, in der Motive konfuzianischen Zurückweisens des Mohismus wiederkehren. Der Undifferenziertheit christlicher Nächstenliebe hielt er den Realismus der unterscheidenden Liebe des Konfuzianers entgegen, dem eigene Eltern, Kinder und Gatten am nächsten stehen, der aber die zu diesen geübte Liebe immer weiter auf die Gesellschaft ausdehnt.

Wirkung und Bedeutung: Europa

Erst zwei Jahrtausende nach Konfuzius schloss Europa Bekanntschaft mit dem Konfuzianismus. Sporadische Kontakte von Römern mit dem Land der begehrten Seide führten nicht zur Kenntnis seiner Kultur. Im frühen Mittelalter geisterten die Chinesen als «Seres» nach spärlichen antiken Quellen durch die Literatur, bevor ihr Land im eurasischen Reich der Mongolen näher rückte. Als dessen Expansion nach Westen Mitte des 13. Jahrhunderts ihren Höhepunkt erreichte, sandte Papst Innozenz IV. dem Khan zwei Schreiben, die ihn zur Bekehrung zu Christus aufforderten und ihm Strafen im Leben wie im Jenseits ankündigten. Khan Güyük, der im konfuzianischen Sinn mit dem Mandat des Himmels regierte, wies die päpstliche Drohung zurück. Der Überbringer, der Franziskaner Johannes von Plano Carpini, erhielt 1246 die Antwort, der Khan vollziehe den Willen des Himmels, weshalb die Unterwerfung des Papstes nötig sei und akzeptiert werde.[266] Bald danach suchte Frankreichs König Ludwig IX. über den Pater Wilhelm von Rubruck Kontakt zu den Mongolen. Der Franziskaner legte 1254 am Hof des Khan sein Christentum dar und diskutierte mit Gelehrten der chinesischen Philosophie, des Islam und des Buddhismus. Sein Unvermögen, anderen Lehren Berechtigung zuzugestehen, trug ihm nach acht Monaten die Ausweisung ein.[267] Nachdem sich die politischen Beziehungen gebessert hatten und Papst Gregor X. 1274 den mongolischen Vorschlag einer Allianz erwog, durften Franziskaner in Peking wirken, wo ab 1313 ein Erzbischofssitz bestand. Dass der konfuzianische Staat Glaubensfreiheit garantierte, hielt man sich an soziale Regeln und erkannte den Sohn des Himmels an, galt den Missionaren aus dem weltanschaulich gleichgeschalteten Europa als befremdlicher «Irrtum».[268] Kurz nach dem Ende der Mongolen-Dynastie (1368) verwies man die unduldsamen Brüder aus Beijing. So prägte die erste Näherung an den konfuzianischen Kulturkreis das Unverständnis für seinen Pluralismus. Bei aller Modifikation und der Verbindung, die der Konfu-

Der Meister in dem jesuitischen Missionsbericht von P. Duhalde

zianismus mit dem Legalismus einging, hatte sich einiges von den Lehren des Konfuzius erhalten: die positive Wertung der Genügsamkeit, der Selbstkritik und des Widerspruchs, was Duldsamkeit für andere Standpunkte einschließt.

Die geistige Uniformität des Westens musste erst aufgebrochen werden, damit dieser jenseits seiner Grenzen anderes wirklich wahrnehmen konnte. Als der Humanismus etwas von der Vielfalt der eigenen Geschichte zur Kenntnis brachte und der Erfolg der Reformation nicht mehr einfach das Ausmerzen Andersdenkender erlaubte, sondern zur echten Auseinandersetzung zwang, wurden Einzelne für die Rezeption anderer Kulturen reif. Bezeichnenderweise war es der aus der Gegenreformation entstandene Orden der Jesuiten, dessen Mitglieder sich als Erste ernsthaft mit asiatischem Denken befassten.

Im späten 16. Jahrhundert studierte der italienische Jesuit Matteo Ricci (1552–1610) in China konfuzianische Literatur und kam zum Schluss, diese sei mit dem katholischen Christentum vereinbar.[269] Er schuf die Grundlage jesuitischer Missionspolitik, die im Buddhismus als Erlösungslehre einen Gegner sah, konfuzianisches Denken analog zur antiken Philosophie Europas aber als weltliche Disziplin bewertete, die der Theologie zur Hilfswissenschaft werden kann. Durch positive Berichte der Jesuitenmissionare erhielt Europa im 17. Jahrhundert erstes fundiertes Wissen über Konfuzius und seine Tradition. 1687 wurde den Gebildeten «Lunyu» in lateinischer Übertragung zugänglich.[270]

Pater Matteo Ricci: Konfuzianismus und Christentum sind vereinbar. Gemälde, 17. Jahrhundert

Der erste westliche Philosoph von Rang, der die Bedeutung der von den Jesuiten erschlossenen Quellen erkannte, war Gottfried Wilhelm Leibniz. Die nicht-metaphysische Haltung, die er im Denken Chinas gewahrte und die sich ihm in einer vornehmlich praktischen Philosophie und natürlichen Religion zeigte, erschien ihm als notwendige andere Seite europäischer Wirklichkeit. Das Abendland als Träger göttlicher Offenbarung und China, das die menschliche Zivilisation aus natürlichen Grundlagen am weitesten entwickelte, könnten durch gegenseitige Ergänzung zu neuen kulturellen Höhen aufsteigen. Der Philosoph ging so weit, eine der christlichen Mission in China entsprechende chinesische in Europa zu wünschen: «Jedenfalls scheint mir die Lage unserer hiesigen Verhältnisse angesichts des ins Unermeßliche wachsenden moralischen

Verfalls so zu sein, daß es beinahe notwendig erscheint, daß man Missionare der Chinesen zu uns schickt, die uns Anwendung und Praxis einer natürlichen Theologie lehren könnten, in gleicher Weise, wie wir ihnen Leute senden, die sie die geoffenbarte Theologie lehren sollen.»[271] Mit dieser Idee lag Leibniz allen folgenden China-Moden zum Trotz quer zum Zeitgeist. Vergeblich bat Leibniz den russischen Zaren Peter den Großen, dessen Reich die Brücke zwischen Europa und China bildete, den kulturellen Austausch zu unterstützen. Es sollten nahezu drei Jahrhunderte vergehen, bis europäische Außenseiter Missionare von jenseits der Grenzen des christlichen Abendlandes willkommen hießen.

Gottfried Wilhelm Leibniz wünschte konfuzianische Missionare in Europa. Gemälde von Christoph Bernhard Francke

Unter dem Eindruck der Leibniz'schen Vision einer interkulturellen Kommunikation auf dem eurasischen Kontinent hielt Christian Wolff 1721 an der Universität Halle seine berühmte «Rede von der Sittenlehre der Chineser», in der er Konfuzius als Vertreter einer Vernunft preist, die den Menschen in Freiheit zwischen Gut und Böse unterscheiden lässt. Die positive Wertung einer natürlichen Ethik, die außerhalb der Sphäre christlicher Offenbarung entstand, trug ihm den Vorwurf des Atheismus ein, was zum Verlust der Professur und der Ausweisung aus Preußen durch König Friedrich Wilhelm I. führte.

Überhaupt lernte die Aufklärung Konfuzius' Ethik schätzen, die keines göttlichen Gebotes bedarf. Voltaire rühmte den Meister als unprophetischen Vertreter der Vernunft. Friedrich der Große, der durch Voltaire an chinesischem Denken interessierte preußische König, setzte nach seinem Regierungsantritt 1740 den von seinem Vater ausgewiesenen Wolff wieder in seine Professur ein. 1760 veröffentlichte Friedrich eine von ihm verfasste Kritik an der katholischen Kirche, fiktive Briefe des «Phihihu, Sendboten des Kaisers von China in Europa»[272] an seinen Herrn. Konfuzius erscheint hier als Kronzeuge für eine den Aberglauben zurückweisende Vernunft, für Moralität und Toleranz. Angesichts der vorgeblichen Wandlung von Brot in den Leib Christi während der katholischen Messe lässt Friedrich den Chinesen berichten: «Sie behaupten aber, so viele Götter sie auch durch Murmeln gewisser Zaubersprüche machten, es sei immer derselbe Gott. [...] Wenn sie einen Gott gemacht haben, essen sie ihn auf. Einen so seltsamen Gottesdienst hätte der große Konfutse lästerlich und anstößig empfunden.» Die Erklärung eines Paters, dass es geboten sein könne, einen Menschen um seines Seelenheils willen zu ermorden, kommentiert Phihihu: «‹O Konfutse, Konfutse!› rief ich aus. ‹Was würdest du sagen, wenn du solche Ruchlosigkeiten hörtest!›» Als er das Angebot eines Priesters zur Taufe ablehnt, worauf dieser ihn für verdammt erklärt, fragt Phihihu nach, ob auch Konfuzius verdammt sei. Als der Priester das bejaht, antwortet König Friedrichs Chinese: «Lieber will ich mit ihm verdammt sein, als mit Ihnen gerettet werden.»

Es soll nicht Friedrich der Große als Konfuzianer reklamiert oder der Einfluss dessen, was seiner Zeit als chinesisches Philosophieren galt, auf ihn überbewertet werden. Friedrichs Verhältnis zu China war zwiespältig, besonders nachdem Kaiser Qianlong den Handel mit Preußen abgelehnt hatte. Trotzdem belegen die angeführten Stellen aus seinem «Bericht des Phihihu», der Preußenkönig achtete in Kon-

Friedrich der Große: «O Konfutse, o Konfutse, was würdest du sagen, wenn du solche Ruchlosigkeiten hörtest?». Gemälde von Anton Graff, 1781 (Ausschnitt)

fuzius den herausragenden Vertreter einer Haltung, der er sich verwandt fühlte; und seine politische Praxis, die jeden «nach seiner Façon selig» sehen wollte, griff auch auf konfuzianisches Denken zurück. Die chinesische Weigerung zum Handel und die den meisten Vertretern von Religion und Staatsmacht im Abendland unerträgliche Idee, der Westen habe etwas von Asien zu lernen, ließen das positive Bild der Aufklärung vom konfuzianischen Reich der Mitte in den Hintergrund treten. Leibniz ging in «Novissima Sinica» (1697) noch davon aus, man könne Lehre und Verehrung des Konfuzius, die kein «religiöses Gebet» bedeute, mit dem Christentum vereinbaren. Dies entsprach der Politik der Jesuiten, die sich damit freilich in ihrer Kirche nicht lange behaupteten. Da die maßgeblichen Vertreter des Katholizismus nicht zwischen der abendländischen Kulturtradition und der biblischen Religion unterschieden, war ihnen unvorstellbar, dass man Letztere statt vor dem Hintergrund griechischen auch vor jenem konfuzianischen oder anderen Denkens interpretieren kann. Die päpstliche Bulle «Ex illa die» (1715) untersagte Christen die Teilnahme an konfuzianischen Riten, was den Jesuiten die Fortsetzung ihrer Begegnung mit dem praktizierten Konfuzianismus verbot und die chinesische Regierung veranlasste, das Christentum und den Westen kritischer zu betrachten.

Nach dem Wegfall positiver Berichte der Jesuiten konnte China als unterentwickeltes Missionsgebiet dargestellt werden. Das zuvor bewunderte aufgeklärte Reich ließen neue Reisende, die weniger ökumenisch als ökonomisch interessiert waren, im 18. Jahrhundert als rückständige Region erscheinen, die sich dem Warenaustausch nicht öffnete. Pierre Sonnerat unternahm 1774 bis 1781 im Auftrag des französischen Königs Ludwig XVI. eine Forschungsreise durch Asien. Seine Darstellung Chinas, die auch Kant las, kritisiert die China-Literatur der Jesuiten als schönfärberisch. Konfuzius, urteilte Sonnerat, habe für den «Charakter der Nation» nicht mehr zu bieten «als einen Klumpen unverständlicher Dinge, Träume, Kernsprüche und alter Märchen, mit etwas wenig Philosophie vermischt»[273].

Wenn Kant in seinen Vorlesungen zur «Physischen Geographie» Konfuzius den «chinesischen Sokrates»[274] nannte, bezog der Vergleich sich allenfalls auf das Ausmaß der Wirkung, da ihm die Aussagen des Meisters als unerträgliches Geplappere galten.[275] Im gleichen Sinn bezeichnet Johann Gottfried Herder in seinen «Ideen zur Philosophie der Geschichte der Menschheit» Konfuzius zwar als «großen Namen», hebt jedoch hervor, dass dieser durch seine Sittenlehre, die «den freien Fortgang des Geistes auf immer hemmte», Chinas Erziehung «gleichsam im Knabenalter» verharren ließ.[276] Die lange Kontinuität chinesischer Geschichte, die Voltaire noch zur Annahme führte, Politik und System der Verwaltung im Reich der Mitte wären die besten der Erde, galt so als Zeichen des Stillstands. Die starke Orientierung des Konfuzius auf die Vergangenheit erschien als Hindernis des Fortschritts.

Sprüche des Konfuzius

Dreifach ist der Schritt der Zeit:
Zögernd kommt die Zukunft
hergezogen,
Pfeilschnell ist das Jetzt entflogen,
Ewig still steht die Vergangenheit.
Keine Ungeduld beflügelt
Ihren Schritt, wenn sie verweilt,
Keine Furcht, kein Zweifel zügelt
Ihren Lauf, wenn sie enteilt,
Keine Reu, kein Zaubersegen
Kann die stehende bewegen.
Möchtest du beglückt und weise
Endigen des Lebens Reise,
Nimm die zögernde zum Rat,
Nicht zum Werkzeug deiner Tat.
Wähle nicht die fliehende zum
Freund,
Nicht die bleibende zum Feind.

Friedrich Schiller (vertont von Franz Schubert)

Auf den Merkantilismus, dem die chinesische Weigerung zum Welthandel und damit die Absage an progressive Entwicklung suspekt war, folgte der Kolonialismus, der Asiens Zivilisationen zur eigenen Rechtfertigung als rückständige, christlicher Missionierung und kulturellen Imports bedürftige Gebilde darstellte. Hegel lag genau im Trend dieser Zeit, identifizierte er doch Geschichte schlechthin mit christlicher Heilsgeschichte, wodurch erst die Berührung mit dem Abendland andere Regionen der Erde aus quasi vorbewusstem Dämmern weckt. Die chinesische Kultur bedeutete Hegel im Sinne Herders Stillstand, weil die «substantielle» Ethik der Li unreflektiert befolgt werde. In seinen «Vorlesungen über die Geschichte der Philosophie» erscheinen die Lehren des Konfuzius als «populare Moral», und dem Ruhm des Urhebers hätte es genützt, «wenn sie nicht übersetzt worden wären».[277]

Im Gefolge Hegels sah auch Karl Marx die chinesische Zivilisation bis zur Berührung mit dem Westen als statische. Darum gewinnt er sogar dem britischen Drogenhandel einen positiven

Aspekt ab, wenn er feststellt, «daß in gleichem Maße, in dem das Opium Herrschaft über die Chinesen erlangt hat, der Kaiser und sein Gefolge pedantischer Mandarine ihrerseits der Herrschaft verlustig gegangen sind. Es hat den Anschein, als habe die Geschichte dieses ganze Volk erst trunken machen müssen, ehe sie es aus seinem ererbten Stumpfsinn aufrütteln konnte.»[278]

Sogar Schopenhauer, der quer zu seiner Zeit den Kulturen Asiens hohe Achtung entgegenbrachte, fühlte sich vor dem Hintergrund seiner Begeisterung für indische Metaphysik von der Konkretheit in «Lunyu» gelangweilt.

Der Vorwurf, es fehle Konfuzius an metaphysischem Denken, einte das sonst zerstrittene Lager abendländischen Philosophierens. Ein Satz wie *Der Mensch kann das Dao erhöhen, nicht erhöht das Dao den Menschen*[279] spricht deutlich aus, dass kein Primat einer Idee oder eines Prinzips über der menschlichen Wirklichkeit steht. Gerade jener Aspekt, der Leibniz und Voltaire in unterschiedlicher Weise an Konfuzius fasziniert hatte, musste im Zeitalter europäischer Expansion im Namen höherer Werte auf Widerspruch stoßen.

Als sich Deutschland spät dem Streben nach Kolonien anschloss, war in Preußen Friedrichs des Großen positives Bild von Konfuzius und China längst verblasst. Kaiser Wilhelm II. beschwor die «gelbe Gefahr» und nutzte 1900 die koordinierten China-Expeditionen europäischer Mächte unter Umgehung des Reichstags für seine private Kriegserklärung an China, nachdem seine Kolonialpolitik im Reich der Mitte zur Ermordung des deutschen Botschafters in Beijing geführt hatte. Als Franz Mehring wegen der Haltung des Kaisers zu China schon den «Weltkrieg an die Tore des Deutschen Reiches» pochen hörte[280], waren positive Bezüge auf chinesisches Denken ein Schwimmen gegen den Strom. Ausgerechnet einer, der in China verbreiten sollte, was wilhelminischem Denken Religion und Zivilisation bedeutete, der Missionar Richard Wilhelm, erschloss 1910 durch seine «Lunyu»-Übersetzung dem deutschen Sprachraum noch vor dem Ersten Weltkrieg die Lehre des Konfuzius. Nachdem zuvor schon der Missionar James Legge (1815–1897) umfangreiche Übertragungen chinesischer Klassiker ins Englische vorlegte, nahmen damit Protestanten das dreihundert Jahre zuvor von Jesuiten begonnene Werk der Vermittlung des Konfuzianismus wieder auf.

Wilhelms Arbeit war von tiefer Bewunderung für Konfuzius getragen, dessen Persönlichkeit ihm «unserem Kant in vielen Stücken wesensverwandt» schien.[281] Auch wenn Wilhelm Konfuzius als einen Metaphysiker sah[282], lassen seine Übersetzung und Interpretation etwas von der diesseitigen Haltung des Meisters ahnen, jener «Souveränität der sittlichen Persönlichkeit», die von «Gesichtspunkten wie Lohn oder Strafe» unabhängig ist. In Wilhelms Deutung politischer Grundsätze des Konfuzius, «die bis auf den heutigen Tag noch nicht Allgemeingut geworden sind», schwingt Sozialkritik an seiner abendländischen Wirklichkeit mit. Konfuzius habe gelehrt, «daß sich Menschen nur dauernd beherrschen lassen durch die Macht einer sittlich ausgebildeten Persönlichkeit, nicht durch äußeren Zwang der Gesetze» und «daß die gesamte staatliche Ordnung auf natürlichen Grundtatsachen des menschlichen Wesens beruhen muß. Die sittliche Grundlage der gesamten Politik wird […] als ein forderndes Ideal vor der menschlichen Gesellschaft stehen, bis sie auf irgendwelche Weise ihren wahrheitsgemäßen Ausdruck gefunden hat.»[283]

Richard Wilhelms Werk prägte das Bild von Konfuzius und seiner Lehre im 20. Jahrhundert. Schon frühe Rezensenten erkannten im Unterschied der konfuzianischen Lehre zur abendländischen Tradition deren gesellschaftliche Bedeutung. Hermann Hesse begrüßte, die westliche «individualistische Kultur auch einmal nicht als selbstverständlich, sondern in ihrem Widerspiel zu betrachten»[284]. Alfons Paquet dachte über Möglichkeiten nach, die dem «Konfuzianismus bei der Weiterentwicklung einer staatsphilosophischen Lebensauffassung in Europa noch offen stehen». Im Hinblick auf den vom darwinistischen Biologen Ernst Haeckel vertretenen, damals aktuellen Entwurf einer naturwissenschaftskonformen Religiosität glaubte er, dass «sich die Leitsätze des Monismus mit denen des Konfuzianismus» decken.[285] Nachdem man Gott für tot und den Menschen zum Verwandten des Tieres erklärt hatte, war eine diesseitige Ethik zeitgemäß, die sich nicht in göttlicher Offenbarung absicherte und doch in einer alten Kulturtradition bewährte.

Während des Ersten Weltkriegs erhoffte Rudolf Pannwitz

(1881–1969) von asiatischem Denken eine Lösung für Europas Krise, die nach seiner Analyse in der Orientierungslosigkeit durch eine seit der Aufklärung herrschende Verwirrung über geltende Werte gründete. Mit besonderem Bezug auf Konfuzius glaubt er, «unsere europäische aufgabe» sei «allein dann vielleicht kein wahnsinn mehr wenn wir das im orient geleistete ganz uns einverleiben»[286]. Pannwitz stand unter dem Eindruck Friedrich Nietzsches grundlegender Kritik des Abendlandes und seines Motivs der Überwindung des gegenwärtigen Menschen im Übermenschen. Weil es aber «einen ausweg aus der europäischen kultur auf irgend einem begangenen wege» nicht mehr gibt und sogar Nietzsche nicht unmittelbar helfen kann, ist er doch «für die schwachen zu stark und selbst für die starken zu stark»[287], braucht es den Buddhismus und den Konfuzianismus. Beide lehren Wege einer grundlegenden Wandlung, auf denen die Subjektivität relativiert oder überwunden wird. Es «ist das principium individuationis selbst in der konsequenz zu überwinden und ein geistiger selbstmord aller individuation ohne jeden religiösen ethischen oder ästhetischen schwindel das einzige dem menschen noch anständige.»[288] Gautama weist in diese Richtung, «indem er den menschen der die welt überwinden will nötigt sich selbst völlig bewußt zu werden und in die gewalt zu bekommen das heisst zur höchsten edelsten macht zu erziehen (die positive askese) und kungfutse am meisten indem er den menschen sogar der in allen anhaftungen der gemeinschaft lebt so herrlich adelt wie nie der mensch geadelt worden»[289]. Dies bezieht sich vor allem auf die konfuzianische Ethik, denn «was bei uns sittlichkeit heißt ist schlimmer als jede libertinage»[290]. Der Übermensch wird so gedeutet als Befreiter vom Zwang metaphysisch begründeter Gebote, der sich im Hinauswachsen über subjektive Beschränkungen sittlich verwirklicht. Es bestanden Beziehungen von Pannwitz zu Stefan George, dessen Kreis bei allem Abstand auch Ähnlichkeiten mit der Schule des Konfuzius aufwies. Georges ‹Jünger› sollten sich veredeln, um im politischen Sinn am Werden eines «neuen Reichs» mitzuwirken, wobei der Lyrik charakterbildende Funktion zukam. Pannwitz' Vision einer eurasischen Kultur fand 1917 kein weites Echo, doch weckte in der Folge das Interesse Einzelner. So wandte sich Hugo von Hofmannsthal unter seinem Einfluss verstärkt asiatischen

Karl Jaspers: Konfuzius besitzt Relevanz für uns Heutige. Fotografie, 1958

Themen zu. Auch als Pannwitz nach dem Zweiten Weltkrieg seine Ideen neu erscheinen ließ, diskutierte man asiatische Lösungen für europäische Krisen nur in Kreisen gebildeter Außenseiter.

Kaum ein breit rezipierter Philosoph des Westens setzte sich in neuerer Zeit ernsthaft mit Konfuzius auseinander. Dies dokumentiert, dass Kants und Hegels Urteil noch weiterwirkt. Die bedeutende Ausnahme bildete Karl Jaspers, dessen Idee der «Achsenzeit» – nach Leibniz und der Aufklärung – wieder ein ernsthafter Versuch war, im interkulturellen Kontext zu philosophieren. Jaspers zählte den chinesischen Meister mit Sokrates, Gautama und Jesus zu den paradigmatischen Persönlichkeiten, die maßgeblichen Einfluss auf die Menschheit ausübten. Der heutige Abendländer, dem die rigorosen Wege Jesu oder Gautamas verschlossen seien, kann nach Jaspers realistisch nur die von Sokrates und Konfuzius gewiesenen Richtungen einschlagen.[291]

Die Bedeutung, die Jaspers Konfuzius für Menschen des Westens zuspricht, ist mit einem Lösen des Meisters aus seiner Wirkungsgeschichte verbunden. Lange habe man das chinesische Selbstbild der Beständigkeit seiner Geschichte übernommen und so Konfuzius nicht vom späteren Konfuzianismus unterschieden. Doch erfuhr seine Lehre nach Jaspers eine nicht aus der Quelle zu rechtfertigende Verzerrung: Das Betonen der Menschlichkeit wich einem Pragmatismus ohne Gefühl für den unabhängigen Wert des Menschen; die freie Sittlichkeit, die aus dem Zusammenwirken von Li und Ren entsteht, verkam zum Befolgen äußerlicher Regeln. Die Entwicklung, die Jaspers der chinesischen Geschichte und seinem Philosophieren tendenziell anders als Hegel zugesteht, deutet er als Degeneration. Vor diesem Hintergrund würdigt er Mengzis und Xunzis Reflektieren, ob der Mensch von Natur gut oder böse sei, nicht als Fortschritt theoretischen Denkens, sondern als Schritt in ein Dogmatisieren. Dieser Versuch, die ursprünglich reine Lehre von degenerierten Spätformen zu scheiden, fragt nicht nach den historischen Bedingungen der Veränderungen Mengzis und Xunzis, die sich auch als Notwendigkeiten deuten lassen, die Aktualität der Botschaft des Meisters im Wandel der Geschichte zu bewahren.

Gegenwärtig steht im Westen das Bild des Konfuzianismus als rückwärts gewandter Lehre wieder in Frage. Ökonomische Erfolge Ostasiens und die Rolle, die konfuzianischem Denken dabei zukommt, zwingen zum Revidieren der alten These von einer der progressiven Entwicklung abträglichen Lehre. Beispielhaft für eine breite Literatur von Wirtschaftspsychologen, Ökonomen und Organisationsentwicklern sieht Arthur Murray Whitehill im Management japanischer Unternehmen mit der Hingabe des Einzelnen an Familie und Gruppe, der Loyalität gegenüber dem Vorgesetzten sowie dem Willen zu Lernen und Bildung drei konfuzianische Einflüsse als besonders wirksam.[292]

Problematisch ist allerdings, will man vor diesem Hintergrund Elemente der Organisationskultur Ostasiens, die auf jahrhundertelanger Praxis des Konfuzianismus beruhen, im Kontext westlicher Strukturen als Patentrezepte zum Erfolg nutzen. Die Kluft zwischen dem metaphysischen Denkstil Europas und der Unmittelbarkeit konfuzianischen Denkens, wie sie in aller

Deutlichkeit in «Lunyu» angelegt ist, darf nicht unterschätzt werden.

Ein typischer Satz des Konfuzius, *Der Edle fördert das Gute im Menschen, nicht das Böse; der Gemeine macht es umgekehrt* [293], mag dem, der abstrakte Gesetze und formulierte Zwecke als unerlässliche Mittel der Ethik sieht, allzu banal scheinen. Doch Konfuzius empfiehlt seinem Schüler dies tatsächlich ohne Zweck. Dem Edlen winkt kein Lohn im Diesseits und kein ewiges Leben im Jenseits. Er denkt nicht an die Erlösung seiner selbst oder anderer, nicht an eine radikale Umgestaltung der Gesellschaft auf der Basis historischer Notwendigkeiten. Er nimmt sein Leben, die Welt, die Menschen an, wie sie sind, und will zu ihrem Wohl besser werden, sich bescheiden und überwinden. Gerade darin, dass dies so simpel und über das Unmittelbare hinaus so zweckfrei ist, besteht die große Herausforderung für den Westen.

Ein signifikantes Beispiel, das zugleich zeigt, wie der Konfuzianismus auf die wirtschaftliche Entwicklung wirkt, ist das Lernen. Der konfuzianisch geprägte Mensch lernt um des Lernens willen. Es ist gut zu wissen und man weiß niemals genug. Wissen und Fertigkeiten sind Werte in sich. Der Gebildete im konfuzianischen Sinn fragt nie in erster Linie nach der Nutzanwendung. Er muss Kenntnisse nicht zu klingender Münze machen, obwohl er sich nicht dagegen sträubt, wird dies im Rahmen der Sittlichkeit möglich. Er kann ertragen, wenig zu besitzen, aber es ist ihm unerträglich, wenn er zu wenig weiß. Vor diesem Hintergrund, der es dem japanischen Volk ermöglichte, sich in wenigen Jahrzehnten Wissenschaften und Technologie des Westens lernend anzueignen, kennt man die Kategorie der Überqualifikation nicht. Die Verkäuferin oder der Taxifahrer mit Universitätsabschluss sind in Japan ebenso häufig wie selbstverständlich. Meist wird versucht, die beste mögliche Bildung zu erwerben. Doch geschieht dies nicht immer in Erwartung oder gar dem Anspruch, das konkrete Wissen direkt produktiv und gewinnbringend umzusetzen. Im Hinblick darauf erhielt sich etwas vom konfuzianischen Empfinden in der auf materiellen Zuwachs orientierten Gesellschaft.

Im christlich geprägten Europa ist es anders. Nach dem «Buch der Bücher» wird der Mensch mit dem Zwang zur Arbeit bestraft, weil er vom Baum der Erkenntnis aß. Es war gefährlich, wenn man zu viel wusste. Als er sich von seinem Erkenntnis monopolisierenden Gott emanzipierte, um ungestraft zu wissen, wie die Erde um die Sonne kreist, wollte der Mensch mit zunehmender Kenntnis den Fluch der Arbeit besiegen. Plötzlich konnte er nicht genug wissen, denn Wissen war Macht, nutzbar und zweckdienlich. Je höher seine Bildung, umso mehr erhebt der Mensch sich über ‹niedere› Arbeiten. Dies führte zur kapitalistischen Logik, man dürfe gar nicht alle gleich bilden, weil der Überqualifizierte bei ihm nicht angemessener Tätigkeit unglücklich wird. Die sozialistische Variante westlicher Wachstumsideologie versuchte dem Dilemma durch die Utopie der künftigen Gesellschaft universell Gebildeter zu begegnen, in der man nach Marx am selben Tag nach Lust Fischer oder Theaterkritiker sein kann, aber im Grunde durch die Segnungen der Technik vom Zwang zur Arbeit befreit ist.

Muss der Gebildete wirklich an ‹niederer› Arbeit leiden? Das japanische Beispiel stellt dies praktisch in Zweifel. Aus konfuzianischer Perspektive ließe sich fragen, ob der Westen nicht in die Falle der Metaphysik trat, glaubt man, ein Mensch wäre umso wesentlicher, über konkretes Tun erhoben und erhaben, je mehr er weiß. Als Ziyou über Zixias Schüler lachte, weil sie den Boden fegten, statt sich mit ‹wichtigen› Dingen zu beschäftigen, antwortete Zixia, diese Trennung existiere für den Konfuzianer gar nicht. Was in Europa tätige japanische Unternehmer und Vorgesetzte an ihren westlichen Arbeitnehmern befremdet, ist unter anderem die Weigerung, den eigenen Arbeitsplatz zu fegen, weil dies Aufgabe des Putzpersonals sei.[294]

Der Konfuzianer will auf keinen Fall die Arbeitsteilung aufheben, sind ihm doch die Unterschiede menschlicher Praxis Grundlage der Kultur. Dennoch empfindet er die Weigerung, grundsätzlich Gebotenes zu tun, als Überheblichkeit. Je verantwortungsvoller die Position eines Menschen, umso mehr ist er Generalist und konkret vorangehendes Vorbild.

Sich selbst überwinden, die subjektive Bedeutung zu relativieren, mag dem Europäer das größte Problem sein. Zweitausend Jahre lehrte man ihn seine leibliche Auferstehung und Unsterblichkeit. Als ihm der Glaube daran abhanden kam, pochte er auf die Einzigartigkeit und Wichtigkeit des Individuums, womit ein jeder vor allem sich selbst meint.

Betrachten wir als Gedankenspiel mit konfuzianischer Brille das Europa der Gegenwart. Die «Zeit der Streitenden Reiche», während der sich nach dem umfassenden Reich des römischen Altertums für eine kurze Epoche Nationalstaaten gegenüberstanden, geht zu Ende. Der Subkontinent eint sich politisch unter gleichen Normen und Quoten. Zugleich errichtet er seine große Mauer gegen die Eindringlinge aus Süden und Osten. Was die einzelnen Länder zusammenführt, ist kein Mythos gemeinsamer Vergangenheit oder Werte und keine soziale Utopie. Letztere scheiterte mit dem Zusammenbruch des Mohismus in seiner westlichen Variante des «realen Sozialismus» und ist zumindest bis auf weiteres diskreditiert. Nachdem die letzten Systeme zugrunde gingen, die zumindest de jure Wertorientierung und Zukunftsvisionen vertraten, herrscht im weltanschaulich neutralen Staat der Egoismus Yang Zhus. Die Gesellschaft ermöglicht dem Einzelnen, der vornehmlich auf sich selbst schaut, Nutzen und Mehrung. Dass breite Schichten auf der Strecke bleiben, nimmt man in Kauf. Ein System, das sich mit dem Etikett der gleichen Chancen und Rechte versieht, produziert zunehmend soziale Ungleichheiten, die nichts mit konfuzianischer Betonung verschiedener sozialer Rollen gemein haben. Wer würde ein Körperhaar für das wachsende Heer Arbeitsloser opfern? Einige, oft nicht die materiell Ärmsten, wurden Daoisten, leben für sich harmonisch und glücklich, manchmal auch bescheiden. Sie gaben die Gesellschaft auf, um befriedigt zu wissen, wie sie für sich nach den richtigen Regeln handeln.

Die Politiker, Wortakrobaten aus der Schule Deng Xis, versprechen jedem alles, doch denken vor allem an den eigenen Nutzen. Wo wäre anzusetzen mit dem *Berichtigen der Namen*?

Vielleicht zeigten Konfuzius, Mengzi oder Xunzi sich am meisten über den Zustand menschlicher Beziehungen erschüttert. Wo bleibt angesichts steigender Scheidungsraten die Familie als Ort des Geborgenseins und gegenseitiger Hilfe? Was geschieht mit den Alten, denen man sein Leben dankt und auf deren Schaffen man aufbaut? Wie kann es Menschen geben, die keine Nachkommen wollen, nur um das eigene Dasein voll zu genießen? Wo ist echte Trauer? Wo gibt es Loyalität und den Mut zum Widerspruch, wenn sie zum eigenen materiellen Schaden sein könnten? Wo schätzt man die aufrichtige Selbstkritik?

Die alten Konfuzianer erschienen den meisten Abendländern als unerträgliche Moralprediger. Sie sprächen voller Ernst von der guten alten Zeit, in der jeder persönlich seine Eltern dankbar bis zum Tod pflegte und sich freute, seinen Kindern das Beste mitzugeben; in der Verwandte füreinander einstanden und man lebenslange Freundschaften pflegte; in der man alle Nachbarn kannte, ihnen half und gemeinsam Feste feierte; in der man gerne miteinander sang und klassische Gedichte aufsagte; in der Anstand und Bildung mehr zählten als Einkommen, Besitz und darauf gründende Vergnügen; in der man um einen lieben Toten bitterlich weinte. Ihr Ruf nach Umkehr hätte wohl noch weniger Chancen auf Gehör als im China ihrer Zeit. Bescheidenheit, Treue und unmittelbare Freude am Miteinander oder einer Erweiterung des Wissens sind keine Werte der Wachstumsgesellschaft, die auf das Recht und die Produktivität der stärkeren Ellbogen setzend ihre menschliche Mitte verlor. Die wichtigste Mahnung des Konfuzius, *sich selbst überwinden und zu den Li zurückkehren ist Menschlichsein*, was könnte sie in dieser Situation für Europa bedeuten? Sich überwinden impliziert heute eine Selbstkritik der auf Fortschritt und Wachstum in endlose Zukunft orientierten Gesellschaften. Der durch Technologie, Gen- und Hormonmanipulation über Arbeit, Alter, Krankheit und Tod triumphierende Mensch, der am abendländischen Horizont auftaucht, könnte realistisch nur der Weg einer kleinen besitzenden Elite sein. Für den ganzen Planeten verwirklicht, bedürfte diese Vision unmenschlicher Zwangsmaßnahmen zur Beschränkung der Bevölkerung. Andererseits scheint der wachsenden Menschheit der Verzicht auf Forschung undenkbar und eine Rückkehr zu vorindustriellen Produktionsweisen versperrt.

Der Aufruf des Konfuzius zur Rückkehr bezog sich nicht auf ein bestimmtes System des Wirtschaftens oder Administrierens, sondern auf tradierte Regeln, die sich zur Relativierung des Egoismus und zur Orientierung des Einzelnen auf eine gemeinsame Mitte bewährt haben. Doch wohin könnte man im Westen konkret zurückkehren? Die große Tradition der katholischen Kirche zehrt von ihrer Vergangenheit und verliert an Substanz. Nurmehr ein Bruchteil ihrer Mitglieder orientiert sich an ihren Riten und ethischen Geboten. Was wären überhaupt die Li Europas, das durch den Bruch des Christentums mit der heidnischen Antike keine China vergleichbare kulturelle Kontinuität kennt? Zweifellos dachte Konfuzius die Li als die spezifischen Werte der chinesischen Vergangenheit. Obwohl er nicht im interkulturellen Kontext lehrte, waren ihm nicht zur chinesischen Zivilisation gezählte Stämme der Grenzregionen bekannt, und es ist deutlich, dass er nicht deren Bräuche, nur weil sie alt sind, zu den Li zählte.

Um zu einem Begriff der Li im westlichen Kontext zu gelangen, muss man von ihren Hauptkriterien bei Konfuzius ausgehen: Die Li weisen den Menschen in ihren unterschiedlichen Rollen Pflichten zu, die alle aufeinander beziehen. Sie dienen so der Harmonie, sind aber in ihren Einzelheiten nicht rational begründet. Ihr Selbstzweck hat nicht materiellen Nutzen oder Zuwächse vor Augen. Ihre Autorität leitet sich aus der langen Tradition ab, die den Einzelnen mit seinen kulturellen Wurzeln und den Ahnen verbindet. Sie geben als Brauch einer Gruppe Identität, sind dabei jedoch selbstgenügsam und werden niemandem aufgedrängt.

Die Juden sind, trauernd muss man fast sagen «waren», wohl das letzte Volk in Europa mit Li in diesem konfuzianischen Sinn. Sie besitzen ein Gesetz, das sie mit ihren Vätern verbindet, das keiner Erklärung bedarf und dessen Einhalten keinem anderen nahe gelegt wurde. Die Nazis hätten bei ihnen erfahren können, was es heißt, seinen Traditionen treu zu bleiben. Doch wenn Adolf Hitler 1920 notierte «Wir müssen den Kult erneuern, der alten Germanen»[295] und seine Bewegung nach dem «Ahnenerbe» suchte, blieb dies dem verbunden oder untergeordnet, was konfuzianischer Rückkehr zum Alten widerspricht: dem Zweck egoistischen Zugewinns, der gewaltsamen räumlichen Expansion, der Herrschaft und der Unterdrückung.

Eine Rückkehr zum Alten, ohne Menschlichsein als Reflexion wechselseitiger Bezogenheit aller und ohne Eingedenken ihres Wohls als Leitmotiv, zieht Grenzen. Sie lässt Einzelne und Gruppen ihre Identitäten behaupten, indem man anderen die ihre bis zur physischen Ausrottung nimmt.

Die Suche nach westlichen Li in vorchristlicher Kultur ist nach ihrer Perversion während der nationalsozialistischen Terrorherrschaft tabu oder stigmatisiert. Doch zeugt die gewaltsame Kraft, die das Motiv der Rückkehr weit über Deutschland hinaus mobilisieren half, von einem tiefen Bedürfnis, Orientierung in Wurzeln zu finden, die physische Herkunft und historische Kontinuität einschließen. Was es in einem über den bloßen Wohnort hinausgehenden Sinn bedeutet, Mensch einer bestimmten Region Europas oder überhaupt Abendländer zu sein, dürfte bei zunehmender Uniformierung des Subkontinents im Prozess angleichender Integration für viele zur Frage werden, auch wenn diese nur als Unbehagen bewusst wird. Ein Antworten, das immer Vergangenes reflektieren muss, sollte nicht allein denen überlassen bleiben, die ihre Identitäten nur im Kampf gegen andere leben können.

Auch die Erkenntnis, dass dem Wachstum natürliche Grenzen gesetzt sind, mag die Rückkehr zum Dao vergangener Lebensformen geboten scheinen lassen. Zu viele Gase und Abwässer opferte man Himmel und Erde in den Tempeln kapitalistischer Mehrung und sozialistischen Aufbaus, aus denen jetzt zu Millionen die Beschäftigungslosen strömen.

Konfuzius' Ethik der Selbstüberwindung und Bezogenheit aller aufeinander, des Menschlichseins in Rückkehr zu einem genügsamen und keinem metaphysischen Zweck unterworfenen Leben in sozialer Geborgenheit, mit kulturellem Niveau und der Freude an kleinen Dingen wäre eine Herausforderung für den Westen. Doch wer wollte sie annehmen? Es bedürfte des Edlen, der gleich Konfuzius weiß, dass es nicht geht, und es dennoch tut.

Wirkung und Bedeutung: Asien

Hilft die Beschäftigung mit Konfuzius und der konfuzianischen Tradition zu mehr als dem Verständnis einer wichtigen Facette der Geschichte Ostasiens? Besitzt konfuzianisches Denken in Asien gegenwärtige und zukunftsweisende Bedeutung?

Im Ursprungsland löste sich die offizielle Verflechtung von Konfuzianismus und Staat 1911 mit dem Fall der Qing-Dynastie und dem Ende der Monarchie. Gerade weil konfuzianisch legitimierte Institutionen wie der Sohn des Himmels und das gelehrte Beamtentum untrennbar mit der Führung der Gesellschaft verbunden waren, konnte ihnen die Verantwortung für deren Missstände zugesprochen werden. Die Neuerer sahen das bewahrende Element der Lehre vor allem unter dem Aspekt, dass es eine Feudalordnung konservieren half, die Bedrohungen von außen machtlos erlag und für ihre sozialen wie politischen Probleme keine Lösungen mehr fand.

Weil ein Weg durch zwanzig Jahrhunderte Staat und Konfuzianismus verband, konnte die Scheidung keine abrupte sein. Zwar stellte die Republik mit ihrer Ausrufung 1912 die Opfer an den Himmel und an Konfuzius ein und brach so bewusst mit einem wesentlichen Faktor der Identität des traditionellen China. Doch sogar Sun Zhongshan (1866–1925), der erste Präsident der Republik, der als Christ keine klassische chinesische Bildung besaß und zunächst eine Reform im Hinblick auf westliche Werte erstrebte, wandte sich zunehmend der konfuzianischen Tugendlehre zu. Nachdem das Mandat des Himmels von der Qing-Dynastie auf die Vertreter der Republik überging, akzeptierten fortschrittliche konfuzianische Gelehrte nicht, dass die neue Regierungsform und die Orientierung auf bisherige Werte einander ausschließen sollten. Sie hatten bereits zur Zeit der Monarchie die Potenziale der konfuzianischen Lehre für einen gesellschaftlichen Wandel hervorgehoben und eine Förderung der Wirtschaft, Abschaffung der Zensur und andere Reformen verlangt. Kang Youwei

Versöhnung von Konfuzianismus, Daoismus und Buddhismus: Konfuzius zeigt Laozi den kleinen Gautama. Malerei des 18. Jahrhunderts

(1858–1927), einer ihrer Wortführer, der schon 1898 dem Kaiser die formelle Annahme des Konfuzianismus als Staatsreligion vorschlug, stand an der Spitze einer Bewegung, die dasselbe von der Republik forderte. Als wichtiges Argument für die Proklamation des Konfuzianismus als Staatsreligion führten seine Vertreter ins Feld, er sei dies de facto schon, war er doch seit der Han-Dynastie die Grundlage öffentlicher Verwaltung, Erziehung und Ethik. Obwohl der verfassunggebende Rat das Ansinnen ablehnte, kam es zum Kompromiss, indem Artikel 19 der Verfassung der Republik Konfuzius' Lehren als Basis der Erziehung festschrieb. Die Versöhnung der neuen Konstitution mit der Tradition schien möglich. 1914 wurden die Opfer an Himmel und Konfuzius wieder eingeführt, die ein neuer Präsident wie vormals der Kaiser vollzog. Einige Konfuzianer und der Präsident selbst hofften auf Wiederherstellung der Monarchie unter einer neuen Dynastie.

Doch liefen derartige Bestrebungen dem Zeitgeist zuwider. Maßgebliche Führer und Intellektuelle standen unter dem Bann westlicher Errungenschaften, deren europäische Träger seit mehr als einem Jahrhundert militärische Potenz zur Schau stellten. Seit den achtziger Jahren des 18. Jahrhunderts exportierten die Briten zunehmend Opium aus Indien ins Reich der Mitte, um ihre Bilanzdefizite aus der Einfuhr chinesischen Tees auszugleichen. Schließlich nahmen Europäer Kolonien in China. «Vor den britischen Waffen ging die Autorität der Mandschu-Dynastie in Scherben», stellte Karl Marx im Hinblick auf den gewaltsam erzwungenen englischen Rauschgifthandel in China treffend fest.[296] Der konfuzianische Staat ging nicht oder zumindest nicht in erster Linie an sich selbst und seiner Starrheit zugrunde, wie es aus westlicher Perspektive und für von ihr beeinflusste chinesische Intellektuelle aussah, sondern an brutal eingesetzter technischer Überlegenheit und Menschen verachtender Handels- und Kolonialpolitik des Abendlandes. Der Ausweg schien in einer Imitation des Westens, seiner Wissenschaften wie Sozial-, Rechts- und Regierungsformen zu bestehen.

Karl Marx: «Vor den britischen Waffen ging die Autorität der Mandschu-Dynastie in Scherben.» Kolorierte Fotografie, um 1880

Schon 1916 endeten die staatlichen Opfer an Konfuzius, und das Parlament strich den 19. Verfassungsartikel. Bis 1928 vollzog man noch die kultische Verehrung des Meisters im Tempel des Konfuzius, als ein Beschluss der Regierung auch diese aufhob. Zwar richtete sie 1934 mit dem 27. August einen offiziellen Feiertag zum Andenken an Konfuzius ein und ehrte im selben Jahr den direkten Nachfahren des Meisters in der 77. Generation. Doch entsprang diese Achtung vor kulturellem Erbe nicht zuletzt politischem Kalkül. Die Japaner förderten den Konfuzianismus in der von ihnen seit 1931 besetzten Mandschurei, wo auch der Sohn des Himmels der gefallenen Qing-Dynastie wieder eingesetzt war. Die chinesische Regierung wollte den Eindruck vermeiden, die Monarchie der Mandschurei sei die konfuzianische Alternative zur verwestlichenden Republik. Doch trotz einzelner Gesten war offensichtlich, nicht mehr gelehrte Beamte lenkten den Staat und die Riten, Formen und Werte in der Tradition des Konfuzius regelten nicht länger Verwaltung und Repräsentation.

Da der Konfuzianismus in China einzig in Verbindung mit dem Staat konstituiert war und über keine eigenen Organisationen oder vom Staats- und Sozialwesen unabhängigen Tempel und Akademien verfügte, bedeutete dies sein Ende in der gewachsenen institutionalisierten Gestalt. Auch konfuzianisch könnte man argumentieren, dies sei keinesfalls nur schlecht. Dass die Qing-Dynastie das Mandat des Himmels verlor, ging nicht zuletzt auf die Beamtenbürokratie eines erstarrten Konfuzianismus zurück, der einseitig auf Bewahren setzte, dem Neuerungen suspekt waren und der nicht auf Aggressionen des Westens zu reagieren verstand. Da sich sozialreformerische Aspekte in Konfuzius' und Mengzis Lehren hinter dieser Gestalt des Konfuzianismus kaum würdigen ließen, konnte seinen Gegnern wenig erwidert werden, wenn sie sagten, alle Freiheiten der Moderne, etwa das Abschaffen der Fußbinden bei den Frauen, seien ohne Unterstützung der Konfuzianer durchgesetzt worden. Von 1911 bis 1928 tobte eine intellektuelle Kampagne gegen konfuzianisches Denken und die Riten, die 1919 in der «Bewegung des Vierten Mai» kulminierte, deren Motto «Zerschlagt Konfuzius' alten Kuriositätenladen»[297] war.

So wurde der Zusammenbruch des Qing-Staates nicht zur Chance, einen aus den Konventionen befreiten, erneuerten Konfuzianismus institutionell mit dem Staat zu versöhnen. Die Faszination einer am Fortschritt orientierten Gesellschaft nach westlichem Muster, die mit konfuzianischem Denken unvereinbar schien, besaß größere Attraktivität.

Den Daoismus traf die Kritik der Neuerer weniger. Dies lag daran, dass er nicht mit den Institutionen des Staates verbunden war, sondern im Gegenteil mit seiner Idee vom Rückzug des Einzelnen ein starkes individualistisches Element aufweist, das ihn leichter mit westlichen Werten verband. Zudem schien er Naturwissenschaft und Technik zugänglicher als die mit der Vergangenheit beschäftigte konfuzianische Tradition. Wie Joseph Needham feststellt, «war im klassischen China der ethische Rationalismus der Konfuzianer gegenüber der Entwicklung von Wissenschaft feindlich eingestellt, während der empirische Mystizismus der Daoisten sie beförderte. Wenn die Daoisten über das Dao sprachen oder über das ‹Festhalten an dem Einen›, dann befindet man sich auf einer Stufe, in der Religion kaum von Wissenschaft getrennt ist, denn das Eine kann genauso gut das Eins des religiösen Mystizismus wie die universale Ordnung der Natur sein, so wie wir sie im wissenschaftlichen Sinn verstehen.»[298] Die Konfuzianer sind auf diese Weise scholastisch orientierten Denkern des Abendlandes vergleichbar, die Entdeckungen der Naturforschung zurückwiesen, wenn sie nicht mit dem Weltbild des Aristoteles vereinbar waren. Eine Mystik, die unmittelbares Erfahren höher als festgeschriebene Überlieferungen wertete, war experimenteller Haltung und damit technischem und naturwissenschaftlichem Fortschritt zweifellos zuträglicher. Doch erwies sich konfuzianischer Konservatismus nicht annähernd so ausschließend und unduldsam gegenüber neuen oder abweichenden Ansätzen wie die europäische Scholastik, die ihre grundlegenden Texte als absolut wahre Offenbarungen sah. Auch wenn Konfuzianer zum Beispiel immer wieder gegen das Vordringen des Buddhismus aus Indien opponierten und hierzu die Staatsmacht zu mobilisieren verstanden, geboten sie diesem nicht grundsätzlich Einhalt. Wenig Berührungsangst bestand zu einheimischen Traditionen. Konfuzianisches Denken machte Anleihen beim Legalismus, und im alten China galt: «Konfuzianismus ist die Lehre der Gelehrten, wenn sie im Dienst sind, und Daoismus ist die Haltung der Gelehrten, wenn sie nicht im Dienst sind.»[299] Derart wirkte das Denken des Konfuzius und seiner Nachfolger als konservative Dominante in einer pluralistischen Situation.

Auch der gegenwärtigen Epoche, der Innovation fast zum Fetisch wurde, bietet sich die konfuzianische Haltung als konservatives Korrektiv. So bewundernswert die als Fortschritt bezeichneten Veränderungen Anfang des 20. Jahrhunderts Europäern und Intellektuellen der von Europa kolonisierten und bedrohten Welt noch erschienen, inzwischen erweisen sich ihre Segnungen als zweischneidiges Schwert. In Europa wie Asien führten Industrialisierung und Technik zu schweren Problemen für Umwelt und Gesellschaft. Was forschem Fortschrittsdenken rückständig schien, mag ein Jahrhundert später vorbildliche Elemente offenbaren und zukunftsweisend scheinen. Von Systemen mit explizit konfuzianischer Wertorientierung, wie sie in China bis 1911 und Japan bis 1868 bestanden, gingen wegen ihrer Skepsis gegenüber Neuerungen, die das Leben veränderten, keine Bedrohungen für die Existenz von Natur und Menschheit aus, wie sie westliches Streben nach Höherentwicklung und Expansion dem Planeten und seinen Bewohnern reichlich bescherten.

Schon in den zwanziger Jahren dachte der Philosoph Liang Shuming im Hinblick auf die kulturellen Zentren Indien, China und Europa über die Bedeutung des Konfuzianismus für eine künftige Weltzivilisation nach. Indien galt ihm religiös und moralisch am weitesten entwickelt, dabei aber ganz auf die Vergangenheit orientiert. Weil dies den Problemen der Moderne nicht gerecht würde, hielt er den indischen Weg nicht angemessen für China und die weitere Welt. Entsprechend gab Liang, der zuvor Buddhist war, die indische Erlösungslehre auf, um sich ganz dem Konfuzianismus zuzuwenden. Als Indien entgegengesetztes Extrem betrachtete er den vollkommen auf ein Fortschreiten in die Zukunft gerichteten Westen, der mit den Wissenschaften die Natur und durch seine Technik die Erde eroberte. Der Westen setzte dabei auf den Kampf und weist so ein erhebliches ethisches Defizit auf. Nach Liang müssen Errungenschaften westlicher Zivilisation bei ihrer Rezeption darum verändert und der chinesischen Haltung angepasst werden. Diese interpretiert er als ausgeglichen Vergangenheit und Zukunft zugewandt, weswegen sie eine den Tendenzen anderer Kulturen vorzuziehende Haltung der Mitte ist.

Liang sprach der chinesischen daher die bestimmende Funktion für eine künftige globale Zivilisation zu. Das Herz chinesischer Werte bildet nach Liang die Lehre des Konfuzius vom *Menschlichsein*, dessen aktive Implikationen er hervorhebt. Zu lange sei die konfuzianische Tendenz zum Wirken in der Welt vom daoistischen «Nicht-Tun» verzerrt worden.

Liang Shuming war von Einfluss auf Mao Zedong, der als junger Mann an der Pekinger Universität Liangs Vorlesungen zur indischen Philosophie hörte und während seiner Kampfzeit Kontakte mit ihm unterhielt. Mao ermöglichte Liang nach seinem Sieg die Gründung einer Forschungsstätte und wollte sogar nach Entfremdung beider Männer 1953, dass der Konfuzianer in einem Regierungsausschuss wirkte. Liangs Ideen zur konfuzianischen Zivilisation waren eine wichtige Inspiration für Maos Synthese chinesischer Tradition mit dem Marxismus.

Das Verhältnis Maos zu Konfuzius und seiner Schule lässt sich nicht auf die Rolle des KP-Vorsitzenden als antikonfuzianischer Bilderstürmer reduzieren, die ihm nach Kulturrevolution und Kritik-Kampagne in den siebziger Jahren in der westlichen Literatur oft zukommt. Wie Mao generell die schöpferische Potenz von Widersprüchen bejahte, war sein Verhältnis zum alten Meister ein antagonistisches. Er sprach einerseits vom Hass auf Konfuzius seit seinen Kindertagen, als der Schulunterricht auf den konfuzianischen Klassikern aufbaute. Andererseits lebte Mao in der Welt dieser klassischen Literatur: So eilte er als junger Mann, um die Wirklichkeit eines entsprechenden Satzes aus dem Buch der Urkunden zu empfinden, in einer stürmischen Regennacht einen Gipfel hinab. Während 1919 die antikonfuzianische «Bewegung des Vierten Mai» in Aktionen und Demonstrationen Höhepunkte fand, besuchte Mao, statt daran teilzunehmen, Konfuzius' Grab und den Geburtsort Mengzis.[300]

Vieles in Maos Persönlichkeit und Politik zeigt konfuzianischen Stil. Das gilt seit der Jugend des lernwilligen Bauernsohns, der zwar gegen den Willen des Vaters Bücher liest und Schulen besucht, doch pflichtgemäß Geld besorgt, um seinem Vater für seinen Ausfall als Arbeitskraft auf dem Hof zu entschädigen. Später drückte Mao sich durch Lyrik aus, gestaltete aktuelle Politik mit historischen Bezügen auf das Altertum und rezipierte in seinen

Schriften die Klassiker. Das berühmte rote Büchlein mit den Worten des Vorsitzenden steht in der Tradition des aphoristischen «Lunyu».

So besiegelte der kommunistische Sieg im äußeren Sinn zwar das Ende der Institutionen des Konfuzianismus, doch nicht das Wirken seiner Tradition und Ethik. Oberflächlich bestehen ideologische Differenzen. Das Bejahen menschlicher Verschiedenheit und unterschiedlicher Aufgaben als Basis der Kultur stieß auf Ablehnung der Kommunisten, deren Fernziel das Aufheben der Arbeitsteilung ist. Andererseits kam ihnen manches Element der Tradition entgegen, darunter das konfuzianische Betonen sozialer Bezogenheit des Einzelnen, die in Mengzis Gedanken, es solle kein Privateigentum an landwirtschaftlich nutzbarem Boden geben, auch ökonomische Dimensionen annahm.

Indem Elemente konfuzianischen Denkens lange einer feudalen Gesellschaft dienten, wurde soziales Bezogensein einseitig als Pflichtzuweisung von oben nach unten interpretiert, und man behielt Bildung, Lernen und die Möglichkeit des Menschlichseins der herrschenden Schicht vor. Tatsächlich konnten Aussagen des Konfuzius wie jene, man solle Armut ohne Murren ertragen[301], für arme Bauern oder Landarbeiter derart ausgelegt werden, man habe sich in sein soziales Schicksal zu fügen. Bei Konfuzius galt dieser Satz jedoch dem Edlen, dessen Menschlichsein sich nicht korrumpieren lässt.

Die Terminologie des chinesischen Kommunismus bezeichnet die sozialistische Revolution als «Wechsel des Mandats» und die klassenlose Gesellschaft mit einem traditionellen Begriff für die harmonische Sozialordnung des Altertums. Mao Zedongs Wirken lässt sich als Versuch interpretieren, Bildung und Geborgenheit im Sinn konfuzianischer Wechselseitigkeit von Privilegien einer Schicht zum Gemeingut aller Menschen zu machen. Es wurde darum festgestellt, welche Ironie letztlich in der sozialen Auswirkung seiner Revolution steckt. «Diese hatte alles verändert, weil sie das ‹Wer› der chinesischen Gesellschaft verändert hatte; und sie hatte wenig verändert, weil sie das ‹Wie› der chinesischen Gesellschaft beibehielt.»[302]

Der Vorrang des Gemeinwohls und der Verantwortlichkeit für das Ganze vor dem Entfalten eigener Wünsche und Triebe blieb ein wesentliches konfuzianisches Erbe in Ostasien. Es ist vor diesem Hintergrund kein Zufall, dass trotz bedeutender Unterschiede mit den Volksrepubliken von China, Vietnam und Korea in konfuzianisch geprägten Gebieten kommunistische Systeme auch nach dem Zusammenbruch des «realen Sozialismus» Europas bestehen. Umgekehrt war konfuzianisches Erbe von großem Einfluss auf die Gestalt, die der Kommunismus in China annahm. Statt auf Terror im Sinn Stalins setzte Mao Zedong, gleich Konfuzius ein Lehrer von Beruf, auf das Bilden und Erziehen der Menschen. Sogar der vormalige «Sohn des Himmels» ließ sich umerziehen und wurde nicht wie der Zar im Zug der russischen Revolution hingerichtet. Mehr als materieller Standard galt Mao die Qualität des Zusammenlebens, das er als Lernprozess wachsender Wechselseitigkeit verstand.

Das China Deng Xiaopings, das mit der Orientierung auf materiellen Reichtum für die Entwicklung der Wirtschaft auch den Egoismus des Einzelnen ansprach, griff mit drastischeren Strafen wieder stärker auf legalistische Mittel zurück, um übertriebener Selbstsucht engegenzuwirken. Dieses Abrücken vom klassischen Maoismus war zugleich eine Entfernung von konfuzianischen Grundwerten. Das sechste Plenum des 14. Zentralkomitees der Kommunistischen Partei Chinas beschäftigte sich 1996 mit dem Werteverlust, der den raschen materiellen Fortschritt des Landes begleitet, und betonte die Notwendigkeit eines adäquaten kulturellen und ethischen Fortschritts. Präsident Jiang Zemin hebt in diesem Sinn häufig die Bedeutung des «spezifisch Chinesischen» («guoqing») hervor und dokumentiert so eine Identifi-

Jiang Zemin: «Spezifisch chinesische Werte». Fotografie, 1. November 1997

kation mit der unauslöschlich konfuzianisch geprägten Kulturtradition, die dem sich ökonomisch entwickelnden China heute wieder zum moralischen Korrektiv werden kann.

Konfuzius und seine Schule müssen nicht beim Namen genannt werden, um von erheblichem Einfluss zu sein. Eine mehr als zwei Jahrtausende alte Tradition hinterließ ihre Spuren im Auffassen der Wirklichkeit und in der Alltagsethik, die so selbstverständlich sind, dass ihre Herkunft oft kaum reflektiert wird. Dazu kommt, dass der Konfuzianismus auf erheblich älteren Traditionen der Li aufbaut. Nimmt in der koreanischen Volksrepublik Kim Jong Il während der Trauerzeit nicht die Ämter seines Vaters Kim Il Sung an, den man bei seinem Tod 1994 in nahezu klassischem Stil beweinte, zeigt dies, gleich ob wahre Trauer oder bloßes Trauerspiel, etwas von der Macht der Riten.

Konfuzius-Telefonkarte des Tempels Yushima Seidō in Tokio

Wie Konfuzianismus, ohne im Einzelfall als solcher bewusst oder bezeichnet zu werden, den Alltag beeinflusst, zeigt das Beispiel Japans. Als offizielle Ideologie erlosch er dort 1948. Auf Druck der amerikanischen Besatzungsmacht musste damals das Parlament Kaiser Meijis Edikt über die Erziehung «Kyōikuchokugo» aufheben, wodurch der Staat zum weltanschaulich neutralen wurde. Der Konfuzianismus besitzt mit Yushima Seidō in Tokio nur noch ein traditionelles Zentrum, das die Riten und das Lernen pflegt. Doch wirkte mehr als ein Jahrtausend der Prägung unabhängig von gesetzlichen Maßnahmen. Während des fast dreihundertjährigen Tokugawa-Shōgunats verbreitete man konfuzianische Werte weit über den Samurai-Stand hinaus, wozu auch populäre Erziehungs- und Bildungsbewegungen wie jene Baigan Ishidas (1685–1745) und Sonotoku Ninomiya (1787–1856) beitrugen.

Als man in der Meiji-Zeit den Samurai-Stand aufhob, wurde im Übergang von der Agrar- zur Industriegesellschaft die Wirtschaft zum Träger der alten Werte: Loyalität, Pflichtempfinden, die Bereitschaft zu Lernen und Selbstkritik sowie ein Bewusstsein sozialer Bezogenheit und Verantwortlichkeit für das Ganze trugen als wesentliche Faktoren zu Japans Weg an die Spitze der ökonomisch entwickelten Länder bei.

Die Baumeister der heute bedeutenden Konzerne bedienten sich oft bewusst der Prinzipien konfuzianischer Ethik. Große Bedeutung kam jenem zu, nicht über Vorschriften zu leiten, sondern durch Beispielhaftigkeit und Überwindung des Selbst. Als der Panasonic-Gründer Konosuke Matsushita größere Sauberkeit in seinen Betrieben durchsetzen wollte, reinigte er persönlich eine stark verschmutzte Toilette. Im Bestreben, nicht auf dem metaphysischen Umweg der Anordnung, sondern durch direktes physisches Vorbild zu bewegen, treffen einander konfuzianisch geprägter Kapitalismus und Sozialismus, der Hand anlegende japanische Industrielle und das berühmte Bild Maos mit der Schaufel. Der Führende muss demonstrieren, wie er selbst zu dem bereit ist, was er von anderen verlangt. Was im westlichen Kontext als lächerliche Pose eines abgehobenen Leitenden erschiene, wird im konfuzianischen zum glaubhaften Erfordernis.

Allerdings darf solche Vorbildhaftigkeit keine Projektion auf einen fernen Leiter bleiben. Das Verhalten des Vorgesetzten muss daher konkret wahrnehmbar sein. Der japanische Vorgesetzte wird in hohem Maß physisch in seinen Verantwortungsbereich integriert. Mit Ausnahme von Mitgliedern oberster Gremien arbeitet er immer im Großraumbüro oder derselben Werkstatt mit den ihm Unterstellten. Es gibt sogar Beispiele, dass der Konzernchef persönlich im Großraumbüro sitzt. Beim Metallkonzern YKK, dem am Weltmarkt führenden Hersteller von Reißverschlüssen, vereint ein Raum vom Vorsitzenden des Vorstandes abwärts die gesamte Verwaltung. Durch seine Präsenz sieht der Vorgesetzte, was die Mitarbeiter tun; umgekehrt weiß der Mitarbeiter, was und wie der Vorgesetzte arbeitet, hört dessen Telefonate, sieht die Besucher. Das jeweilige Tun ist transparent; man ist im Sinn konfuzianischer Wechselseitigkeit voreinander und miteinander in der Bewährung.[303]

Zeigen sich in seinem Bereich Fehler, versagte konfuzianischem Denken zufolge vor allem das Vorbild. Als Vater und Sohn einander verklagten, ließ nach «Kongzi jiayu» der Meister beide ins Gefängnis sperren, bis der Vater seine Anzeige zurückzog. Schließlich erwies dieser sich als schlechter Vorgesetzter, gelang es ihm nicht, den Sohn durch sein Beispiel zum erwünschten Verhalten zu bewegen.

Das negative Ergebnis des Teams oder einzelner Angehöriger geht auf den Vorgesetzten zurück. In einer Gruppe, deren Mitglieder wechselseitig aufeinander bezogen sind, gelten schlechte und gute Leistungen des einen immer zugleich als Mangel und Verdienst des anderen. Dem Vorgesetzten, dem Loyalität gebührt, kommt Verantwortung zur Motivation durch Vorbildlichkeit zu. So wie er sich bei Fehlschlägen nicht hinter seinen Mitarbeitern verstecken kann, darf er keinen Erfolg für sich allein verbuchen. Umgekehrt trägt jeder Untergebene die Verantwortung, sich zum Wohl des Ganzen einzubringen. Wurde in der Rezeption konfuzianischer Werte durch die Samurai auch direkter Widerspruch gegenüber dem Vorgesetzten nicht aufgenommen, entwickelten sich dennoch Methoden, jeden zu Wort kommen zu lassen. In Gesprächen, die der Entscheidungsfindung in einer Gruppe oder Abteilung dienen, ist ein «ringisei» genanntes Vorgehen üblich: Mitarbeiter der untersten Ebene beginnen die Diskussion, die allmählich bis zum Ranghöchsten fortschreitet. Jeder hat in seiner Stellungnahme die Standpunkte der Vorhergehenden positiv zu berücksichtigen, bis der Letzte schließlich einen generellen Konsens formuliert.[304] Auf diese Weise sprechen die Mitarbeiter unbeeinflusst von der Meinung des Vorgesetzten. Ihre Loyalität zu dessen Entscheidungen basiert auf dem Bewusstsein, nach eigenem Vermögen zu diesen beizutragen.

So sei der große Mensch: Im Charakter mit Himmel und Erde in Harmonie, im Denken mit Sonne und Mond in Harmonie, im Handeln mit den vier Jahreszeiten in Harmonie. Weil er dem Himmel vorangeht, stellt sich der Himmel ihm nicht entgegen

Buch der Wandlungen

Auch beim Heranbilden von Führungskräften findet sich ein starker konfuzianischer Akzent. Der in Japan immer noch häufige Fall, den Arbeitgeber nicht zu wechseln, gilt verstärkt für leitendes Personal. Ausschreibung und Bewerbung kommen hier kaum vor, denn man wünscht keine Quereinsteiger, sondern im eigenen Unternehmen herangezogene Führungskräfte.[305] Der künftige Vorgesetzte wird oft am Ende der Schul- oder Universitätszeit angeworben. Im Rotationsverfahren durchläuft er verschiedene Abteilungen. Man will in konfuzianischem Sinn keinen Spezialisten, sondern den mit allen Bereichen der Firma vertrauten Generalisten mit Überblick, der sich immer wieder in konkrete Teams eingliederte und in deren Arbeit bewährte. Sogar bei außergewöhnlicher Fähigkeit und Leistung wird die Führungskraft im Weltvergleich sehr langsam befördert. Sie kann sich weder durch internes Konkurrieren mit Kollegen noch durch persönliches Exponieren profilieren, sondern nur mit Beiträgen zur Leistung des jeweiligen Teams. Während der Rotation wird sie von vielen Vorgesetzten bewertet. Oft geschieht dies so, dass sie um eine kritische Selbsteinschätzung gebeten wird, welche der direkte Vorgesetzte kommentiert. Spätere Übergeordnete ergänzen dies, was im Lauf der Jahre ein differenziertes Bild ergibt. Kaum werden Beurteilungen unmittelbar verwendet. Selbst Betriebe, die häufig bewerten, ziehen ein Ergebnis oft erst nach Jahren bei einer Beförderungsfrage ins Kalkül.[306] Über quantifizierbarem Erfolg steht dabei die charakterliche Qualität des Kandidaten: «Fragen wie ‹Kommt er gut mit anderen aus?› und ‹Ist er anderen Angestellten gegenüber hilfsbereit?› werden gestellt. Dann ist da die Frage nach ‹seijitsusa› oder ‹seijitsusei›. Der Begriff wird frei mit ‹Treue› übersetzt. Er bezieht sich auf die Verlässlichkeit der Person, ihre Hingabe an den Beruf und die Loyalität gegenüber der Firma. Es ist kein quantifizierbares Konzept, und sie wird gefühlsmäßig nach ihrer Vertrauenswürdigkeit beurteilt.»[307]

Auch diese Loyalität gegenüber der Firma wurzelt im Konfuzianismus der Samurai. War in der von Gelehrten getragenen chinesischen Tradition der Untergebene zur Kritik am Vorgesetzten verpflichtet und konnte, ja sollte das Verhältnis kündigen, wenn seine Mahnung fruchtlos verhallte, war der Samurai als Soldat dem Vorgesetzten auch bei erwiesener Unfähigkeit bis in den Tod verpflichtet. Seine Treue zur jeweils führenden Familie, der bereits Generationen seiner Vorfahren dienten, galt als unkündbar und verpflichtete über den Tod hinaus. Sehr populär sind in Japan bis heute Erzählungen wie «Chushingure», in der Samurai den Tod ihres Herrn am Schuldigen rächen und dafür willig die Todesstrafe auf sich nehmen. Solche Beispiele der Loyalität sind nicht nur Gegenstand klassischer Bildung. Die Samurai-Geschichten werden gern gelesen und bilden einen beliebten Bestandteil des Fernsehprogramms.

1682 verbot das Shōgunat den Brauch, nach dem ein Samurai am Grab seines Herrn Wache bis zum Tod hielt. Doch bis zur Gegenwart finden sich Spuren solcher Demonstrationen der Loyalität: 1964 starb Yasujiro Tsutsumi, der Gründer des Seibu-Konzerns, der Warenhäuser, Eisenbahnlinien und Hotelketten betreibt. Am ersten Todestag beschlossen ältere Mitarbeiter, an seinem Grab in Kamakura Nachtwache zu halten. Daraus entstand ein täglicher Brauch, der sich über die Jahrzehnte erhielt. Ein älterer und zwei junge Mitarbeiter des Konzerns, die aus vielen Freiwilligen ausgewählt werden, verbringen die Nacht an Tsutsumis Grabmal. Die praktizierte Loyalität gegenüber dem Ahnherrn der Firma dient zugleich der Identifikation des Mitarbeiters mit dem Betrieb.

Wie hilfreich die konfuzianischen Tugenden der Loyalität und Orientierung auf die Interessen der Gruppe und des Ganzen dem wirtschaftlichen Aufbau Japans waren, so fern steht ein auf Nutzen und Mehrung angelegtes System dem Denken Konfuzius'. Als Preußens Friedrich der Große dem chinesischen Kaiser Qianlong ein Handelsabkommen vorschlug, lehnte jener ab. Auch Englands König George III. erfuhr 1793 Qianlongs Absage, eine Handelsdelegation in China zuzulassen. Ein konfuzianisches System ist selbstgenügsam. Als die Kriegsschiffe des Amerikaners Matthew Perry 1853 Japans Öffnung für den internationalen Handel erzwangen, wollte das Shōgunat dankend ablehnen: Japan hätte alles, was es benötigt.

Wirtschaftswachstum auf Kosten eines kultivierten Lebens und der Traditionspflege ist nicht die Sache der Konfuzianer. Aus diesem Grund kommt das Ergebnis des Wirtschaftsaufbaus, das durch konfuzianische Tugenden möglich wurde, unweigerlich mit deren Grundlagen in Konflikt.

Matthew Perrys Kriegsschiff am 18. Juli 1853 vor der japanischen Küste: «Japan hat alles, was es benötigt.» Holzschnitt von Yoshitoshi

Schon in der Meiji-Zeit hat es nicht an Kritik gegen das Kopieren westlicher Wege gefehlt. So hielt der Buddhist Kaiseki Sada (1818–1882) dem Trend seiner Zeit eine stark konfuzianisch geprägte Wirtschaftslehre entgegen, die einen Erhalt der Autarkie des Landes forderte. Gleichfalls konfuzianisch und buddhistisch bestimmt war das Werk des Philosophen Enryō Inoue (1858–1919), der vor der drohenden Verwestlichung Japans und damit dem Verlust kultureller Identität warnte. Angesichts des westlichen Individualismus betonte Inoue die Notwendigkeit eines auf der Familie basierenden Staatswesens, das sich insgesamt als Großfamilie mit dem Kaiser in der Mitte versteht.[308] Die amerikanische Besatzung in der Folge des Zweiten Weltkriegs trieb das, was Sada und Inoue als Verwestlichung kritisierten, stark voran. Ryogi Ōkōchi, ein zeitgenössischer japanischer Analytiker, spricht vom «verzweifelten Mißmut und dem Mißbehagen» in seiner Gesellschaft, «die sich in dem so raschen Industrialisierungsprozeß und der daraus ergebenden wirtschaftlichen Entwicklung verbergen, und denjenigen, die dafür Sinn haben, sehr wohl zur Empfindung und zum Bewußtsein kommen. Zwar sind sich breite Schichten der Bevölkerung dieser Mißstimmung noch nicht deutlich bewußt, aber das Gefühl, alles sei vergeblich, wird allenthalben und von jedermann verspürt.»[309]

Im halben Jahrhundert nach dem Zweiten Weltkrieg erlebte Japan immer wieder Gesten des Aufbegehrens gegen die Verwestlichung, welche diese unter der Oberfläche herrschende Stimmung verdeutlichen. Aufsehen erregend war 1970 der Putschversuch des Schriftstellers Yukio Mishima. Dieser nahm mit Mitgliedern seiner kleinen Privatarmee, in der er den Samuraigeist wieder beleben wollte, den Kommandanten einer Kaserne in Tokio in seine Gewalt. Vor angetretener Mannschaft verlas er dann ein Manifest, welches das Wiedereinsetzen des Kaisers in seine alten Befugnisse forderte. Dieser dramatische Appell, sich wieder rückzuwenden, war in seinen Mitteln nicht repräsentativ, doch symptomatisch. Sein Scheitern war einkalkuliert, und Mishima nahm sich an Ort und Stelle auf die klassische Weise des Samurai das Leben.

Die Unzufriedenheit, die nach einer Versöhnung von Tradition und Technik sucht, zeigt sich auch im japanischen Sektenwesen. In der Botschaft des Shōko Asahara, dessen Gemeinschaft 1995 durch den Giftgasanschlag auf die U-Bahn in Tokio weltweite Aufmerksamkeit erregte, finden sich Untertöne von Zivilisationskritik, Ablehnung der Nachkriegsgesellschaft und fortschreitender Amerikanisierung. Seine relativ kleine und junge Anhängerschaft rekrutierte sich vielfach aus der Bildungselite der Universitäten. Viele Zeichen der Unzufriedenheit deuten an, wie die Rückkehr zur Tradition gesucht wird. Leicht tun sich dabei Abwege auf, überlässt man den suchenden Blick in die Vergangenheit jenen, die nicht von Menschlichsein, sondern von Hass geleitet werden.

Ein beachtlicher Versuch der Reflexion auf asiatische Werte findet sich bei dem lange auch politisch aktiven Schriftsteller Shintarō Ishihara, der durch das Schlagwort vom «Japan, das nein sagen kann» auch international beachtet wurde. Ishihara betont die ostasiatischen Traditionen der Familie, der Verantwortung für die Gemeinschaft und der Duldsamkeit, wobei er demonstriert, wie dies auch einen Brückenschlag zum islamischen Kulturkreis erlaubt.[310] Schon im Westen bereitet die industrialisierte Gesellschaft, die auf individueller Leistung und Streben nach Wachstum beruht, Einzelnen großes Unbehagen. Dabei folgt diese Gesell-

Tor eines Konfuzius-Tempels: Zu den Riten zurückkehren? Fotografie aus dem späten 19. Jahrhundert

schaft konsequent vielen Jahrhunderten europäischer Entwicklung, ist somit historisch selbstverständlich und gerät nicht mit dem Hauptstrom eigener Wurzeln in Konflikt. Andere Kulturkreise waren zur Übernahme dieser Wachstumsidee in ihrer kapitalistischen oder sozialistischen Variante gezwungen, weil sie Kolonien waren oder diesem Schicksal nur auf dem Weg der Anpassung entgehen konnten. Hier besteht eine tiefe Spannung zwischen dem eigenen kulturellen und sozialen Erbe und großen Teilen gesellschaftlicher Realität. Je brüchiger sich die Wachstumsgesellschaft erweist, umso mehr gewinnt für die Menschen und Länder Ostasiens auf die Frage nach dem rechten Weg (dao) die Antwort des alten Meisters an Aktualität: *Sich selbst überwinden und zu den Li zurückkehren ist Menschlichsein.*

Dabei kann sich der Konfuzianismus in Ostasien als noch in einem weiteren Sinn relevant erweisen. Sein historischer Einfluss verbindet unterschiedliche Regionen im asiatisch-pazifischen Bereich, die Volksrepublik China einschließlich Taiwans, Vietnam, Korea und Japan sowie Länder mit einflussreichem chinesischem Bevölkerungsanteil wie Singapur und Malaysia. Er bietet sich damit als einer der grundlegenden Faktoren zur Integration dieses bedeutenden Kultur- und Wirtschaftsraums an. Gerade die unterschiedlichen Ausprägungen, welche die Lehre in China und Japan erfuhr, könnten dem Konfuzianismus in ihrer Begegnung neue Dimensionen erschließen.[311]

Anmerkungen

Alle aus dem «Lunyu» stammenden Zitate wurden vom Autor übersetzt.

1 Der im Deutschen geläufige Name «Konfuzius» beruht auf dem chinesischen Kongfuzi, etwa «Lehrmeister Kong», das Berichte der Jesuitenmissionare des 17. Jahrhunderts als «Confucius» wiedergaben. Der europäischen Konvention folgend, wird er hier durchgehend «Konfuzius» genannt.

2 Die Idee findet sich im 1921 erschienenen Aufsatz «Die Reden Gautamo Buddhos», hier zitiert nach Hugo von Hofmannsthal: Gesammelte Werke in Einzelausgaben. Prosa IV. Frankfurt a. M. 1955, S. 65–74

3 Karl Jaspers: Vom Ursprung und Ziel der Geschichte. München 1949

4 Otto Franke: Der geschichtliche Konfuzius. In: Zeitschrift der Deutschen Morgenländischen Gesellschaft 79, 1925, 2, S. 163–191, hier S. 189

5 Hans-Georg Gadamer: Wahrheit und Methode. Grundzüge einer philosophischen Hermeneutik. Tübingen ^{3}1972

6 Der Begriff des «Konfuzianismus» ist freilich ein westlicher. In China wurde diese Richtung des Denkens als «rujia» bezeichnet, was «Schule der Sanften» bedeutete, ein Hinweis auf die gelehrten und kulturellen Tätigkeiten ihrer Träger.

7 Es gibt unterschiedliche Kapiteleinteilungen und Zählweisen für das «Lunyu». Nachfolgend richten sich Zitierungen nach der Einteilung des Zhu Xi (1130–1200), dessen Kommentar «Lunyu jizhu» der konfuzianischen Schule als autoritativ galt.

8 Schon im China des 18. Jahrhunderts gab es Versuche textkritischer Neubewertungen des «Lunyu». So sah Cui Shu (1740–1816) Teile der letzten fünf Bücher aus inhaltlichen Erwägungen als nicht authentisch an. Derartige Textkritik erfuhr durch die westliche Philologie Bekräftigung. Tilemann Grimm (Meister Kung: Zur Geschichte der Wirkungen des Konfuzius. Opladen 1976) weist bei «Lunyu» nach stilistischen und grammatikalischen Kriterien auf ältere und jüngere Schichten hin. Obwohl all dies Licht auf die Textgeschichte des heute vorliegeden «Lunyu» wirft, ist damit keinesfalls immer sicher, dass jüngere Textschichten nicht auf früheren Überlieferungen beruhen als die älteren.

9 Lunyu XI, 19

10 Konfuzius: Gespräche (Lun-yu). Aus dem Chinesischen übersetzt von Ralf Moritz. Leipzig 1982, ^{5}1991, S. 90

11 Kungfutse. Gespräche. Lun Yü. Aus dem Chinesischen übertragen und herausgegeben von Richard Wilhelm. München 1989 (^{1}1910), S. 19; zitiert als Wilhelm: Kungfutse, Gespräche

12 Karl Jaspers: Aus dem Ursprung denkende Metaphysiker. München 1957, S. 291

13 Lunyu IX, 27

14 Vgl. zu diesem Charakteristikum des Stils chinesischer Denker Hubert Schleichert: Klassische chinesische Philosophie. Frankfurt a. M. 1980, S. 275

15 Helmuth von Glasenapp: Kant und die Religionen des Ostens. Kitzingen a. M. 1954, S. 104. Trotz dieses vernichtenden Urteils könnten Kants Ideen autonomer Ethik und das Stellen der Pflicht über die Neigung durch Vermittlung der China-Rezeption Christian Wolffs zur Wirkungsgeschichte des Konfuzius gehören. Vgl. Artur Zempliner: Die chinesische Philosophie und

J. Ch. Wolff. In: Deutsche Zeitschrift für Philosophie 10, 1962, S. 758–778

16 Hegels «Vorlesungen über die Philosophie der Geschichte» hier zitiert nach Adrian Hsia (Hg.): Deutsche Denker über China. Frankfurt a. M. 1985, S. 186. Vgl. das ausführliche Zitat in den «Zeugnissen»

17 Arthur Schopenhauer: Werkausgabe IV. Hg. von A. Hübscher, S. 130

18 Wilhelm: Kungfutse. Gespräche, S. 5

19 Wilhelm lässt Konfuzius zum Beispiel sagen, ein Feind könne ihm nicht schaden, denn «Gott hat den Geist in mir gezeugt» (für Lunyu VII, 22), oder beim Tod eines nahen Schülers: «Wehe, Gott verlässt mich» (für Lunyu XI, 8). Die erste Stelle wäre zu lesen, die ethische Absicht des Konfuzius befindet sich im Einklang mit dem Himmel, also den natürlichen Gesetzen, gegen die niemand sich wenden kann; die zweite sagt, der notwendige Weg des Himmels, der die Vergänglichkeit einschließt, richtet sich gegen die Neigung des Konfuzius, der einen geliebten Schüler nicht verlieren will. Wird Konfuzius als (Mono-)Theist interpretiert, steht dahinter meist eine ideologische oder missionarische Absicht. Vgl. in dieser Hinsicht auch Thaddaeus T'ui-chieh Hang: Das kosmische Jen. Eine Begegnung von Christentum und Konfuzianismus. Frankfurt a. M. 1993. Schon Leibniz (Lettre sur la philosophie Chinoise à Nicolas de Rémond, 1716) hielt Atheismusvorwürfen an die Chinesen entgegen, sie fassten den ‹Himmel› über das Physische hinaus metaphysisch auf. Geschieht das Gleichsetzen von Aussagen anderer Kulturkreise mit geschätzten eigenen auch in der Absicht, diesen Wert zuzusprechen, bleibt der Wunsch, im anderen Verwandtem zu begegnen, doch die Antithese zum Ablehnen von Fremdem. Das Aufweisen, jeder glaube an den gleichen Gott, dient der Erkenntnis weniger als jenes der Besonderheiten und Unterschiede.

20 Hermann Hesse: Confucius deutsch. In: Die Propyläen 7, 1910, 40, S. 637

21 Auch Chinas Kommunisten bedienen sich in der Moderne des Begriffs vom «Wechsel des Mandats» zur Bezeichnung der sozialistischen Revolution.

22 Die Li sind den mosaischen Gesetzen vergleichbar. Als Ge- und Verbote Gottes an sein Volk werden sie nicht mythisch oder rational begründet, sondern gelten unhinterfragt. Auch wenn Speisegebote oder die Vorschrift, am Sabbath kein Licht zu entzünden, ursprünglich auf hygienische und mythische Motive zurückgehen können, regeln sie als Selbstzweck das Leben des Volkes und gehören somit zu dessen unbegründbarer Identität.

23 Lunyu II, 4

24 Lunyu V, 25

25 Lu liegt im heutigen Shandong.

26 Lunyu IX, 6

27 Lunyu XV, 38

28 Lunyu VII, 5

29 Lunyu VII, 13

30 Lunyu III, 7

31 Lunyu X, 17

32 Lunyu II, 2

33 Lunyu XVII, 9

34 Lunyu II, 21

35 Lunyu VII, 16

36 Kongzi jiayu XIV

37 Lunyu VIII, 8

38 Lunyu III, 16

39 Lunyu IX, 2

40 Lunyu IV, 11

41 Lunyu XII, 7

42 Kongzi jiayu XI; Shiji 47

43 Shiji 63

44 Kongzi jiayu XI

45 Lunyu XIII, 10

46 Lunyu XII, 11

47 Shiji 67 und Kongzi jiayu XXXVIII
48 Lunyu VII, 8
49 Lunyu II, 5
50 Lunyu XI, 3
51 Lunyu VII, 30
52 Kongzi jiayu XIX, modifiziert zitiert nach Wilhelm: Kungfutse. Schulgespräche. Gia Yü. Düsseldorf, Köln 1981, S. 100
53 Kongzi jiayu I
54 Lunyu XVII, 4
55 Lunyu XV, 12
56 Kongzi jiayu XIII
57 Lunyu XV, 1
58 Lunyu IX, 13
59 Lunyu V, 6
60 Lunyu IV, 14
61 Kongzi jiayu XXXVIII
62 Lunyu XV, 1. Die Rahmengeschichte bei Sima Qian in «Shiji»
63 Lunyu XVII, 4
64 Lunyu XII, 18
65 Lunyu IX, 14
66 Lunyu XI, 8 und 9
67 Kongzi jiayu XLIII, zitiert nach Wilhelm: Kungfutse. Schulgespräche, S. 203
68 Lunyu XIV, 22
69 Lunyu IX, 11
70 Kongzi jiayu XL
71 Lunyu III, 9
72 Lunyu XII, 1
73 Lunyu XII, 5
74 Vgl. Wing-tsit Chan: Religious Trends in Modern China. New York 1969 ([1]1953), S. 53
75 Lunyu IX, 16
76 Lunyu VII, 19
77 Lunyu II, 11
78 Lunyu XVI, 9
79 Lunyu XVI, 2
80 Lunyu XVI, 3
81 Lunyu III, 10
82 Lunyu III, 2
83 Lunyu II, 24
84 Lunyu III, 6
85 Lunyu III, 1
86 Kongzi jiayu 41, zitiert nach Wilhelm: Kungfutse. Schulgespräche, S. 180
87 Lunyu XIII, 3
88 Lunyu VI, 23
89 Lunyu III, 18
90 Lunyu XII, 13
91 Lunyu XII
92 Kongzi jiayu I
93 Nach Wilhelm: Kungfutse. Schulgespräche, S. 23
94 Lunyu III, 14
95 Lunyu XV, 10
96 Lunyu IX, 3
97 Lunyu XVII, 9
98 Lunyu XVII, 19
99 Lunyu XIV, 29
100 Lunyu IV, 22
101 Lunyu V, 4
102 Lunyu XV, 40
103 Lunyu XI, 13
104 Lunyu XV, 38
105 Lunyu XV, 25
106 Lunyu XVIII, 6
107 Lunyu XV, 18
108 Lunyu XV, 19
109 Lunyu XV, 20
110 Lunyu IV, 16
111 Lunyu XVII, 23
112 Lunyu XV, 33
113 Lunyu II, 12
114 Lunyu III, 3
115 Lunyu IV, 2
116 Lunyu IV, 3
117 Lunyu IV, 6
118 Lunyu VI, 5
119 Lunyu VII, 27
120 Lunyu I, 6
121 Lunyu XIV, 25
122 Lunyu I, 1
123 Lunyu VI, 10
124 Lunyu VIII, 7
125 Lunyu VII, 32
126 Lunyu VII, 21
127 Lunyu VII, 31
128 Lunyu I, 14
129 Lunyu VIII, 12
130 Lunyu II, 17
131 Lunyu VIII, 17
132 Lunyu IX, 18
133 Lunyu XIII, 5
134 Lunyu XVII, 22
135 Lunyu II, 9
136 Lunyu II, 15

137 Lunyu XV, 30
138 Lunyu IV, 17
139 Lunyu V, 26
140 Lunyu I, 4
141 Lunyu IV, 7
142 Lunyu XII, 4
143 Lunyu XIV, 2
144 Lunyu XIX, 8
145 Lunyu XV, 29
146 Lunyu IX, 23
147 Lunyu V, 19
148 Lunyu XI, 21
149 Lunyu IX, 21
150 Lunyu IX, 22
151 Lunyu XVII, 26
152 Lunyu IV, 8
153 Lunyu I, 16
154 Lunyu II, 21
155 Lunyu XI, 25
156 Lunyu VIII, 13
157 Lunyu VII, 16
158 Lunyu VI, 9
159 Lunyu IV, 9
160 Lunyu X, 10
161 Lunyu X, 1
162 Lunyu XVII, 24
163 Lunyu VIII, 9
164 Lunyu XIV, 41
165 Kongzi jiayu, zitiert nach Wilhelm: Kungfutse. Schulgespräche, S. 136
166 Kongzi jiayu XV
167 Lunyu X, 25
168 Lunyu X, 20
169 Lunyu VII, 18
170 Kongzi jiayu XIII, modifiziert zitiert nach Wilhelm: Kungfutse. Schulgespräche, S. 69 f.
171 Zitiert nach Strauß: Schi Ging, S. 173
172 Kongzi jiayu VIII
173 Lunyu I, 15
174 Lunyu VII, 31
175 Lunyu XIX, 21
176 Lunyu IX, 24
177 Lunyu II, 17
178 Lunyu IX, 11
179 Kongzi jiayu XIX
180 Lunyu X, 22
181 Kongzi jiayu. Der abschließende Kommentar zu Zijian auch in Lunyu V, 3
182 Lunyu XII, 1
183 Lunyu XVII, 2
184 Lunyu XVI, 4
185 Lunyu XVII, 20
186 Lunyu XVII, 1
187 Lunyu XII, 3
188 Lunyu XII, 22
189 Lunyu X, 12
190 Lunyu XV, 23 und XII, 2
191 Lukas 6, 31, Matthäus 7.12
192 Lunyu XIV, 17 und 18
193 Lunyu III, 26
194 Lunyu III, 4
195 Lunyu VII, 9
196 Lunyu IX, 9
197 Lunyu XIX, 17
198 Lunyu XIV, 43
199 Lunyu XIX, 14
200 Zitiert nach Wilhelm: Kungfutse. Schulgespräche, S. 192
201 Lunyu XII, 8
202 Lunyu XIX, 12
203 Lunyu X, 9
204 Lunyu X, 8
205 Lunyu III, 11
206 Lunyu III, 17
207 Lunyu III, 12
208 Kongzi jiayu XLIV, modifiziert zitiert nach Wilhelm: Kungfutse. Schulgespräche, S. 209
209 Lunyu X, 11
210 Kongzi jiayu VIII, zitiert nach Wilhelm: Kungfutse. Schulgespräche, S. 44
211 Lunyu VI, 20
212 Lunyu III, 13
213 Lunyu III, 15
214 Lunyu VIII, 8
215 Lunyu XVII, 10
216 Lunyu XI, 5
217 Kongzi jiayu XXXV, zitiert nach Wilhelm: Kungfutse. Schulgespräche, S. 134
218 Lunyu III, 23
219 Kongzi jiayu 18, zitiert nach Wilhelm: Kungfutse. Schulgespräche, S. 96
220 Zitiert nach Wilhelm: Kungfutse. Schulgespräche, S. 96

221 Lunyu XIII, 18
222 Lunyu IV, 21
223 Lunyu IV, 19
224 Lunyu II, 6. Diese Stelle dürfte interpretierbar sein, dass man absichtliches Bereiten von Sorgen vermeidet, mag aber auch implizieren, dass das Kind auf seine Gesundheit achtet, um den Eltern keinen Kummer zu bereiten.
225 Lunyu II, 7
226 Lunyu II, 8
227 Lunyu IV, 20
228 Lunyu I, 11
229 Lunyu IV, 18
230 Kongzi jiayu XV, zitiert nach Wilhelm: Kungfutse. Schulgespräche, S. 89
231 Kongzi jiayu XXXVIII
232 Lunyu VI, 4
233 Lunyu XVII, 21
234 Lunyu XII, 17
235 Lunyu VI, 3
236 Lunyu XI, 16
237 Kongzi jiayu XV, modifiziert zitiert nach Wilhelm: Kungfutse. Schulgespräche, S. 83
238 Kongzi jiayu IX, zitiert nach Wilhelm: Kungfutse. Schulgespräche, S. 50
239 Lunyu XIV, 4
240 Kongzi jiayu XIV, modifiziert zitiert nach Wilhelm: Kungfutse. Schulgespräche, S. 76
241 Kongzi jiayu VII, zitiert nach Wilhelm: Kungfutse. Schulgespräche, S. 27 f.
242 Lunyu XIII, 4
243 Kongzi jiayu XIV, zitiert unter Modifikationen nach Wilhelm: Kungfutse. Schulgespräche, S. 79 f.
244 Lunyu XV, 4
245 Lunyu XIII, 13
246 Lunyu II, 1
247 Lunyu II, 3
248 Lunyu XII, 19
249 Lunyu XIII, 1
250 Kongzi jiayu IX, modifiziert zitiert nach Wilhelm: Kungfutse. Schulgespräche, S. 46
251 Lunyu XIII, 2
252 Lunyu XIV, 10
253 Lunyu VI, 22
254 Lunyu XIII, 17
255 Lunyu XIII, 11
256 Lunyu XIV, 9
257 Kongzi jiayu XLII, zitiert nach Wilhelm: Kungfutse. Schulgespräche, S. 182
258 Kongzi jiayu XIII
259 Lunyu V, 5
260 Zu Mo Di vgl. Helwig Schmidt-Glintzer: Mo Ti. Solidarität und allgemeine Menschenliebe. Düsseldorf, Köln 1975; derselbe: Mo Ti. Gegen den Krieg. Düsseldorf, Köln 1975
261 Mozi XXXIX
262 Zu Mengzi vgl. W. A. Dobson: Mencius. A New Translation. Toronto 1963; D. C. Lau: Mencius. Baltimore 1970
263 Zu Xunzi vgl. H. H. Dubs: The Works of Hsüntze. London 1928
264 Vgl. Chan Wing-tsit: A Source Book in Chinese Philosophy. Princeton 1963, S. 650
265 Vgl. Volker Zotz: Geschichte der buddhistischen Philosophie. Reinbek bei Hamburg 1996, S. 224–226
266 Vgl. Christopher Dawson: The Mongol Mission. London 1955
267 Vgl. Peter Jackson und David Morgan: The Mission of Friar William of Rubruck. London 1990
268 Vgl. Volker Zotz: Geschichte der buddhistischen Philosophie. Reinbek bei Hamburg 1996, S. 300 f.
269 Vgl. Jonathan D. Spence: The Memory Palace of Matteo Ricci. London 1985, S. 210
270 Confucius Sinarum Philosophus, sive Scientia Sinensis latine exposita, studio et opera Prosperi Intorcetta, Christiani Herdtrich, Francisci Rougemont, Philippi Couplet, Patrum Societas Jesu. Paris 1687
271 Vgl. das Vorwort in Gottfried Wilhelm Leibniz: Das Neueste von China (1697). Novissima Sinica. Hg., übersetzt und erläutert von

Heinz Günther Nesselrath und Hermann Reinbote, Köln 1979

272 Vgl. Gustav Bertold Volz (Hg.): Die Werke Friedrichs des Großen in deutscher Übersetzung. Berlin 1913, Bd. VIII, S. 115–126

273 Pierre Sonnerat: Reise nach Ostindien und China in den Jahren 1774–1781. Zürich 1783, S. 27

274 Vgl. Helmut von Glasenapp: Kant und die Religionen des Ostens. Kitzingen a. M. 1954, S. 83–106

275 Vgl. das Zitat in der Einführung, S. 14

276 Vgl. das vollständige Zitat Herders in den «Zeugnissen», S. 150

277 Georg Wilhelm Friedrich Hegel: Werke in zwanzig Bänden, Bd. XVIII. Frankfurt a. M. 1971, S. 142 f.

278 Karl Marx: Die Revolution in China und Europa. In: Karl Marx, Friedrich Engels: Über China. Berlin 1955, S. 11–20

279 Lunyu XV, 28

280 Vgl. Franz Mehring: Politische Publizistik 1891 bis 1904. Berlin 1964, S. 345–349

281 Zitiert nach Wilhelm: Kungfutse. Gespräche, S. 30

282 Vgl. hierzu die Einführung zu diesem Band

283 Wilhelm: Kungfutse. Gespräche, S. 29 f.

284 Vgl. das Zitat in den Zeugnissen

285 Alfons Paquet: Vom chinesischen Geist. In: Frankfurter Zeitung, 16. 4. 1911

286 Rudolf Pannwitz: Die Krisis der europäischen Kultur. Nürnberg 1917 (Nachdruck 1947), S. 207. Das Werk entstand 1915.

287 Pannwitz: Krisis, S. 180

288 Pannwitz: Krisis, S. 48

289 Pannwitz: Krisis, S. 207

290 Pannwitz: Krisis, S. 181

291 Karl Jaspers: Die großen Philosophen. I. München 1957

292 Arthur M. Whitehill: Japanese Management. Tradition and Transition. London, New York [3]1993

293 Lunyu XII, 16

294 Vgl. zu diesem Problem M. Tsuda: Das Managementsystem japanischer Unternehmen. In: C. v. Barloewen, K. Werhahn-Mees (Hg.): Japan und der Westen II, Wirtschafts- und Sozialwissenschaften, Frankfurt a. M. 1986, S. 220–238

295 Adolf Hitler: Sämtliche Aufzeichnungen. Hg. von Eberhard Jäckel. Stuttgart 1980, S. 1265

296 Vgl. Anm. 278

297 Vgl. Chan: Religious Trends in Modern China, S. 17 f.

298 Unter Angleichung der chinesischen Transkription zitiert nach Joseph Needham: Wissenschaftlicher Universalismus. Über Bedeutung und Besonderheit der chinesischen Wissenschaft. Hg., eingeleitet und übersetzt von Tilman Spengler. Frankfurt a. M. 1977, S. 153

299 Unter Angleichung der chinesischen Transkription zitiert nach Needham: Wissenschaftlicher Universalismus, S. 156

300 Vgl. Ross Terrill: Mao. Eine Biographie. Aus dem Amerikanischen von Hans Fahrbach. Hamburg 1981, S. 42, S. 53

301 Z. B. Lunyu IV, 5 und VII, 15

302 Terrill: Mao, S. 138. Das Zitat steht im Zusammenhang der frühen dreißiger Jahre, kann aber weit darüber hinaus als treffliche Charakterisierung der revolutionären Haltung Maos gelten.

303 Vgl. Volker Zotz: Gefragt-Sein des Mitarbeiters im konfuzianischen Kontext Japans. In: Walter Bungard und Ingela Jöns (Hg.): Mitarbeiterbefragung. Ein Instrument des Innovations- und Qualitätsmanagements. Weinheim 1997, S. 418–422

304 Über dieses Vorgehen im Kontext des japanischen Verständnisses von Gruppe vgl. Takeo Doi: The Anatomy of Self. The Individual versus Society. Tokyo [4]1992, S. 55

305 Für den typischen Karriereweg einer japanischen Führungskraft

vgl. D. J. Lu: Inside Corporate Japan. The Art of Fumble-Free Management. Tokyo [3]1991, S. 29–42

306 Whitehill: Japanese Management, S. 208 f.

307 Lu: Inside Corporate Japan, S. 32

308 Chukokatsuron, 1893

309 Okochi Ryogi: Wie man wird, was man ist. Gedanken zu Nietzsche aus östlicher Sicht. Darmstadt 1995, S. 3

310 Vgl. die Diskussion Ishiharas mit dem Premierminister Malaysias, Mohamad Mahathir, und Shintaro Ishihara: The Voice of Asia. Two Leaders Discuss the Coming Century. Tokyo, New York, London 1995

311 Vgl. Charles Wei-hsun Fus Ausführungen zum chinesischen und japanischen Konfuzianismus in: derselbe und Steven Heine (Hg.): Japan in Traditional and Postmodern Perspectives. Albany 1995

Zeittafel

bis ca. 1600 v. u. Z. Xia-Zeit
1600–11. Jahrh. Shan-Zeit
11. Jahrh.–256 Zhou-Zeit
581–520 Zichan, leitender Minister in Zheng, erlässt ein kodifiziertes Recht.
551 Geburt des Konfuzius im Staat Lu.
549 Der Vater stirbt.
533 Heirat. Aus der Ehe gehen der Sohn Boyu und mindestens eine Tochter hervor.
ca. 520 Konfuzius gründet seine Schule.
ca. 518 Forschungsreise nach Louyang, die Residenzstadt der Zhou-Dynastie. Nach der Legende Begegnung mit Laozi.
517 Putsch in Lu. Konfuzius begleitet den Fürsten ins Exil nach Qi, wo er gelegentlich dem Herrscher Jing rät.
515 Wieder in Lu, widmet sich Konfuzius seiner Schule.
500 Konfuzius soll politische Ämter in Lu erhalten haben.
497 Der Fürst von Qi, neidisch auf Erfolge des Konfuzius, schickt eine Gruppe Tänzerinnen an den Hof von Lu. Als die Staatsgeschäfte ruhen, verlässt Konfuzius enttäuscht das Land.
497–484 Dreizehn Wanderjahre führen Konfuzius und seine Schüler in verschiedene Staaten Chinas. Alle Hoffnungen, die Unterstützung eines Fürsten zu finden, zerschlagen sich.
484 Konfuzius kehrt nach Lu zurück.
483 Boyu stirbt. Der Enkel Zisi wird geboren, der die Lehre des Konfuzius weiterentwickeln wird.
481 Yan Hui stirbt. *Wenn ich um diesen Mann nicht sehr weine, um wen dann?* (Lunyu XI, 9)
480 Der Schüler Zilu wird ermordet.
479 Tod des Konfuzius. Die Schüler trauern drei Jahre. Zigong wachte noch drei weitere Jahre an seinem Grab. Aus der Schule gehen mehrere Traditionslinien hervor.
ca. 470–400 Mo Di kritisiert Konfuzius und verlangt die Orientierung am Nützlichen.
ca. 370–280 Der Konfuzianer Mengzi (Menzius) betont die Pflicht des Einzelnen. Der Mensch gilt ihm als von Natur gut.
ca. 310–230 Xunzi interpretiert den Menschen als von Natur aus böse. Kultivierung ist ein Kampf wider die eigenen Anlagen.
221–206 Verbot des Konfuzianismus während der legalistischen Qin-Herrschaft.
206 Beginn der Han-Dynastie. Der Konfuzianismus steigt zur Staatsideologie auf.
180–115 Dong Zhongshu verbindet Konfuzianismus und Legalismus.
604 Fürst Shōtoku proklamiert die konfuzianisch geprägte erste Verfassung Japans.
1130–1200 Zhu Xi. Der Staatsmann und Philosoph systematisiert die konfuzianischen Lehren.
16. Jahrh. Pater Matteo Ricci und andere Jesuiten studieren den Konfuzianismus, den sie mit dem Christentum für vereinbar halten. Gottfried Wilhelm Leibniz nimmt ihre Ideen auf.
1912 Die chinesische Republik bricht mit der konfuzianischen Tradition.
1948 Auf Druck der USA wird das Erziehungsedikt des Kaisers Meiji außer Kraft gesetzt. Damit erlischt der Konfuzianismus als offizielle Grundlage des Staats auch in Japan.

Zeugnisse

Yu, Chronist von Wei und Zeitgenosse des Konfuzius

Konfuzius wurde in der Epoche der niedergehenden Zhou-Dynastie geboren, in der die Regeln und Schriften der alten Kaiser ungeordnet sind oder verschollen. Er kommentiert, prüft und stellt die Texte der Früheren richtig, setzt die Werke von Yao und Shun fort, klärt jene der Kaiser Wen und Wu. Er sichtete das «Buch der Lieder», das «Buch der Urkunden» und das «Buch der Riten», ordnete die Musik, verfasste «Frühling und Herbst» [Chronik des Staates Lu] und erklärte das «Buch der Wandlungen». Seine Lehren sind zukünftigen Generationen ein Leitbild. Voll Kraft und Frieden strahlt er, und doch belehrt er jeden, der ihm nur ein Bündel Dörrfleisch brachte. Schon hat er mehr als dreitausend Schüler. Will ihn der Himmel zum Herrscher ohne Thron machen? So groß ist er!
Nach: Wang Su: Kongzi jiayu. 3. Jahrh. u. Z.

Liu Xinang (gest. 6 u. Z.)

Konfuzius lebte in einer wirren Epoche. Keiner konnte ihn verstehen.
Shuoyuan

Mo Di (ca. 470–400)

Als Konfuzius in Widrigkeiten kam, konnte er zehn Tage nur Suppe mit Kräutern essen. Ein Schüler briet ihm damals ein Schwein und Konfuzius nahm das Fleisch zu sich, ohne zu fragen, woher es kam. Der Schüler nahm das Kleid eines anderen und tauschte es gegen Wein. Konfuzius trank ihn und wollte nicht wissen, woher der Wein kam. Doch beim Empfang des Herzogs nahm Konfuzius nicht Platz, solange die Sitzmatte nicht korrekt lag, und er wollte kein Fleisch essen, das nicht auf rechte Art geschnitten war. Da fragte der Schüler: «Warum handelst du jetzt ganz anders als damals?» Konfuzius sprach: «Ich werde es erklären. Damals mussten wir unser Leben retten. Heute müssen wir uns korrekt benehmen.» In Hunger und Not war Konfuzius also bereit, irgendetwas zu nehmen, um sein Leben zu retten. War er jedoch satt, heuchelte er, um recht sittlich zu wirken. Was könnte ekelhafter und falscher sein?
Wider die Konfuzianer

Christian Wolff

Da es nun aber so verwirrt in dem Staat der Sineser aussahe; so hat Confuz, der ein sehr tugendhaffter und gelehrter Mann, und von der göttlichen Vorsehung besonders darzu bestimmet war, dem Verfall derselben wieder aufzuhelffen sich bemühet. Er hatte zwar nicht selbsten das Glük, als ein König dem Staat heilsame Gesetze vorzuschreiben, dieselben öffentlich einzuführen, und andere denselben hinzuzuthun; sondern er war nur darauf bedacht, die Pflichten eines Lehrers auf das genaueste und möglichste zu beobachten. [...] Dahero hat Confuz mit besonderer Mühe die Jahrbücher der alten Käyser und Könige durchgelesen, was darinnen als eine Richtschnur recht zu leben und zu regieren angenommen, und durch ihre Beyspiele bekräfftiget worden war, herausgelesen, was er sich besonders daraus bemerket hatte, öffters in eine reiffe Betrachtung gezogen, und endlich nach genugsamer Ueberlegung und Erfahrung an sich selbsten, es seinen Untergebenen, um es auf die späte Nachwelt fortzupflanzen, anvertrauet. Confuz ist also zwar nicht als der Stifter aber doch als der Wiederbringer der Sinesischen Weltweisheit billig anzusehen.
Rede von der Sittenlehre der Chineser, 1721

Johann Gottfried Herder
[...] der Name Confucius ist mir ein großer Name, ob ich die Fesseln gleich nicht verkenne, die auch Er trug und die er mit bestem Willen dem abergläubigen Pöbel und der gesamten Sinesischen Staatseinrichtung durch seine politische Moral auf ewige Zeiten aufdrang. Durch sie ist dies Volk, wie so manche andere Nation des Erdkreises mitten in seiner Erziehung, gleichsam im Knabenalter stehen geblieben, weil dies mechanische Triebwerk der Sittenlehre den freien Fortgang des Geistes auf immer hemmte und sich im despotischen Reich kein zweiter Confucius fand.
Ideen zur Philosophie der Geschichte der Menschheit, 1787

Georg Wilhelm Friedrich Hegel
Mit den Werken des Confucius sind wir nun auch näher bekannt geworden; ihm verdankt China [...] viele eigene Werke über Moral, die die Grundlage für die Lebensweise und das Betragen der Chinesen bilden. In dem Hauptwerke des Confucius, welches ins Englische übersetzt wurde, finden sich zwar richtige, moralische Aussprüche, aber es ist ein Herumreden, eine Reflexion und ein sich Herumwenden darin, welches sich nicht über das Gewöhnliche erhebt.
Vorlesungen über die Philosophie der Geschichte (1822–31)

Friedrich Wilhelm Joseph von Schelling
Eben durch diese ausschließliche Beziehung aller moralischen und geistigen Interessen auf den Staat ist aber Confucius vielmehr ein Gegensatz von Sokrates; denn wenn er [Confucius] den ganzen Menschen für den Staat in Anspruch nimmt, wenn er Theilnahme und Thätigkeit für denselben besonders fordert und empfiehlt, entfernt von einer quietistischen Moral, die sich später mit dem Buddhismus auch in China eingefunden, so fand Sokrates in der Beschaffenheit der Staatsverfassung *seiner* Zeit vielmehr Ursache, den Philosophen von der Teilnahme der öffentlichen Angelegenheiten abzumahnen. Freilich sind die Lehren des Confucius frei von aller mythologischen Farbe und von kosmogonischen Bestandtheilen, aber auch dieß ist nichts, das ihn insbesondere bezeichnete; er ist auch darin nur der freie Abdruck des nüchternen, alles, was über den einmal vorhandenen Zustand der Dinge hinausstrebt, gleichsam fliehenden und abweichenden Charakters seiner Nation.
Philosophie der Mythologie, 1857

Hermann Hesse
Leicht ist die Lektüre [des Konfuzius] nicht, und immer wieder hat man das Gefühl, eine fremde Luft zu atmen, welche von anderer Art und Zusammensetzung ist als die, die wir zum Leben brauchen. Dennoch bereue ich die mit diesen Gesprächen verbrachten Tage nicht. Berührt uns auch der chinesische Geist wie der Anblick von Erzeugnissen eines fremden Weltkörpers, so tut es doch wohl und ist mehr als nur oberflächlich da hineinzuschauen. Denn das nötigt uns, unsere eigene, individualistische Kultur auch einmal nicht als selbstverständlich, sondern im Vergleich mit ihrem Widerspiel zu betrachten. Und dabei bleibt es nicht, sondern es entsteht im Lesenden manchmal für Augenblicke die seltsam aufleuchtende Vorstellung der Möglichkeit einer Synthese beider Welten.
Confucius deutsch (Rezension), 1910

Bertolt Brecht
Die Geschichte des Kungfutse zeigt, wie gering der Erfolg der erfolgreichsten Lehrer der Menschheit war. Er beabsichtigte, die Staatsform seiner

Zeit zu einer ewigen zu machen durch die allgemeine Hebung der Sittlichkeit. Aber die Sittlichkeit verfiel, solange die Staatsform dauerte, und es war ein Glück, daß sie nicht ewig war. [...] Seine Urteile, längst vergangene Lebensformen betreffend, wären längst ungerecht geworden, hätte man sie wiederholt, aber seine Haltung war die der Gerechtigkeit.

Richard Wilhelm

Kungtse ist kein Philosoph im europäischen Sinn. Nicht die theoretische Besinnung über die Gründe des Seins hat ihn zu dem gemacht, was er ist. Sondern er ist eine praktisch-schöpferische Natur. Sein Ziel war es, zu lernen, wie man ein rechter Mensch werden kann, und da der Mensch nicht allein in der Welt ist, erweitert sich dieses Problem zu der Frage, was zu tun ist, um die menschliche Gesellschaft zu der Ordnung zu bringen, die sie innerhalb des Weltalls einzunehmen berufen ist.
Kung-Tse, 1925

Elias Canetti

Ich kenne keinen Weisen, der den Tod so ernst nahm wie Konfuzius. Auf Fragen nach dem Tod verweigert er die Antwort. «Wenn man noch nicht das Leben kennt, wie sollte man den Tod kennen.» Ein Satz, der angemessener wäre, ist über diesen Gegenstand nie ausgesprochen worden. Er weiß sehr wohl, daß alle solche Fragen einer Zeit *nach* dem Tode gelten. Jede Antwort darauf setzt sich mit einem Sprung über den Tod hinweg, und er selber wie seine Unbegreiflichkeit werden dadurch eskamotiert. Wenn nachher etwas ist, so wie vorher etwas war, verliert der Tod als solcher sein Gewicht. Zu diesem unwürdigsten aller Taschenspielerstücke gibt Konfuzius sich nicht her. Er sagt nicht, daß nachher nichts ist, er kann es nicht wissen. Aber man hat den Eindruck, daß ihm gar nicht daran läge, es in Erfahrung zu bringen, selbst wenn es möglich wäre. [...] So bleibt das Leben ganz, was es ist, und auch der Tod bleibt intakt, sie sind nicht austauschbar, nicht vergleichbar, sie mischen sich nicht, sie bleiben verschieden.
Die gespaltene Zukunft, 1972

Deng Xiaoping

Konfuzius ist tot, seine Ideen sind überholt, und darum müssen wir sie zurückweisen. Wir sterben auch bald, und nach Tausenden Jahren werden unsere Ideen zurückgewiesen, denn sie entsprechen denen künftiger Menschen nicht.
Nach: What's Happening on China Mainland, Taipei, 30. 4. 1976

Bibliographie

Die meiste Literatur zu Konfuzius und seinen Wirkungen liegt in ostasiatischen Sprachen vor. Im Hinblick auf den Raum wurden nachfolgend nur Werke in europäischen Sprachen aufgenommen.

Klassische Texte

Lunyu. Übersetzungen in Auswahl

Bock, Klaus (Hg.): Konfuzius. Gespräche (Lun Yü). Nach der englischen Übersetzung von James Legge neu herausgegeben. Übersetzt von Ingo Angres. Essen 1991 (Bibliothek der Philosophie 1)

Cheng, Anne: Entretiens de Confucius. Paris 1981

Contag, Victoria: Konfuzius. Gespräche in der Morgenstille. Lehren des Meisters. Zürich, München [2]1986

Dawson, Raymond: Confucius. The Analects. Oxford, New York 1993

Lau, D. C.: Confucius. The Analects. Harmondsworth 1979

Legge, James: The Chinese Classics. Bd. 1. Confucian Analects, The Great Learning and The Doctrine of the Mean. New York 1870

Moritz, Ralf: Konfuzius. Gespräche. Frankfurt a. M. 1983

Ryckmans, Pierre: Les Entretiens de Confucius. Paris 1987

Schwarz, Ernst: Konfuzius. Gespräch des Meisters Kung (Lun Yü). München 1985

Soothill, W. E.: The Analects of Confucius. London 1962

Stange, Hans Otto: Gedanken und Gespräche des Konfuzius. München 1953

Waley, Arthur: The Analects of Confucius. London 1938

Wilhelm, Richard: Kungfutse. Gespräche. Lun Yü. München 1989 ([1]1923) (Diederichs Gelbe Reihe 22)

Übersetzungen konfuzianischer Klassiker und verwandter altchinesischer Literatur (Auswahl)

Chan Wing-tsit: A Source Book in Chinese Philosophy. Princeton 1963

Legge, James: The Chinese Classics. 5 Bände. Hong Kong 1861–72

–: The Texts of Confucianism. 4 Bände. Oxford 1879–85 (Sacred Books of the East 3, 16, 27, 28)

Strauß, Victor von: Schi-king. Das kanonische Liederbuch der Chinesen. Heidelberg 1880

Wilhelm, Richard: I Ging. Das Buch der Wandlungen. Aus dem Chinesischen verdeutscht und erläutert. 2 Bände. Jena 1924 (Neuausgabe: Düsseldorf, Köln 1981)

–: Frühling und Herbst des Lü Bu We. Aus dem Chinesischen übersetzt und erläutert. Jena 1928 (Neuausgabe: Düsseldorf, Köln 1979)

–: Li Gi. Das Buch der Sitte des älteren und jüngeren Dai. Aufzeichnungen über Kultur und Religion des alten China. Aus dem Chinesischen verdeutscht und erläutert. Jena 1930 (Neuausgabe: Düsseldorf, Köln 1981)

–: Kungfutse. Schulgespräche. Gia Yü. Düsseldorf, Köln 1981 (Diederichs Gelbe Reihe 36) (= Kongzi jiayu)

Zur Philosophie und Geistesgeschichte Chinas

Bai Shou-yi: An Outline History of China. Peking 1982

Bauer, Wolfgang: China und die Hoffnung auf Glück. Paradiese, Utopien, Idealvorstellungen. München 1971

Creel, H. Glessner: Chinese Thought from Confucius to Mao Tsê-tung. Chicago, London 1953
Faßnacht, D.: Die Religionen Chinas. Frankfurt a. M. 1983
Forke, Alfred: Geschichte der alten chinesischen Philosophie. Hamburg 1964 ([1]1927)
–: Geschichte der mittelalterlichen chinesischen Philosophie. Hamburg 1934
–: Geschichte der neueren chinesischen Philosophie. Hamburg 1938
Franke, Otto: Geschichte des chinesischen Reiches. 5 Bände. Berlin 1930–52
Fung Yu-lan: The Spirit of Chinese Philosophy. London 1947
–: A Short History of Chinese Philosophy. New York 1948
–: A History of Chinese Philosophy. 2 Bände. Princeton/London 1952/53
Giles, Herbert A.: Confucianism and Its Rivals. London/New York 1915
–: A History of Chinese Literature. London 1901
Granet, Marcel: Das chinesische Denken. Inhalt, Form, Charakter. München 1971
Grube, Wilhelm: Geschichte der chinesischen Literatur. Leipzig 1909
Moritz, Ralf: Die Philosophie im alten China. Berlin 1990
Munro, Donald J.: The Concept of Man in Early China. Stanford 1969
Opitz, Peter J. (Hg.): Chinesisches Altertum und konfuzianische Klassik. München 1968
Paul, Gregor: Die Aktualität der klassischen chinesischen Philosophie. Rationalitätskonzepte im frühen Konfuzianismus, im Neo-Mohismus und im Legalismus. München 1987
Roetz, Heiner: Mensch und Natur im alten China. Zum Subjekt-Objekt-Gegensatz in der klassischen chinesischen Philosophie. Frankfurt a. M., Bern, New York 1984
–: Die chinesische Ethik der Achsenzeit. Eine Rekonstruktion unter dem Aspekt des Durchbruchs zu postkonventionellem Denken. Frankfurt a. M. 1992
Roy, David T., und **Tsien Tsuenhsuin** (Hg.): Ancient China. Studies in Early Civilization. Hong Kong 1978
Schleichert, Hubert: Klassische chinesische Philosophie. Frankfurt a. M. 1990 ([1]1980)
Schwartz, Benjamin: The World of Thought in Ancient China. Cambridge, Mass., London 1985
Soothill, W. E.: The Three Religions of China. London, New York [2]1914
Waley, Arthur: Three Ways of Thought in Ancient China. London 1939
Wilhelm, Richard: Die chinesische Literatur. Potsdam 1926
–: Chinesische Philosophie. Breslau 1929
Zenker, Ernst Viktor: Geschichte der chinesischen Philosophie. 2 Bände. Reichenberg 1926–27

Sekundärliteratur zu Konfuzius

Allinsion, Robert E.: The Confucian Golden Rule. A Negative Formulation. In: Journal of Chinese Philosophy 12, 1985, 3, S. 305–315
Creel, H. Glessner: Confucius. The Man and the Myth. New York 1949 (Neuausgabe: Confucius and the Chinese Way. New York 1960)
Crow, Herbert Carl: Master Kung. The Story of Confucius. London 1937
Cua, Antonio S.: The Logic of the Confucian Dialogue. In: John K. Ryan (Hg.): Studies in Philosophy and the History of Philosophy. Bd. 4. Washington 1969, S. 18–33
–: Reflection on the structure of Confucian ethics. In: Philosophy East and West 21, 1971 (2), S. 125–140
Dawson, Raymond: Confucius. Oxford, Toronto, Melbourne 1981

Franke, Otto: Studien zur Geschichte des konfuzianischen Dogmas. Hamburg 1920

–: Der geschichtliche Konfuzius. In: Zeitschrift der Deutschen Morgenländischen Gesellschaft 79, 1925, S. 163–191 (auch in: Aus Kultur und Geschichte Chinas. Vorträge und Abhandlungen aus den Jahren 1902–1942. Peking 1945)

Gabelentz, Georg von der: Confucius und seine Lehre. Leipzig 1888

Gassmann, Robert: Cheng Ming. Richtigstellung der Bezeichnungen. Zu den Quellen eines Philosophems im alten China. Ein Beitrag zur Konfuzius-Forschung. Bern, Frankfurt a. M., New York, Paris 1988

Haas, Hans: Das Spruchgut Kung-tsze's und Lao-tsze's in gedanklicher Zusammenordnung. Leipzig 1920

Hall, David L., und **Ames, Roger T.:** Thinking Through Confucius. Albany 1987

Jaspers, Karl: Die maßgebenden Menschen. Sokrates, Buddha, Konfuzius, Jesus. München 1975 (Originalausgabe: Die großen Philosophen. Band I. München 1957)

Kuppermann, Joel J.: Confucius and the Problem of Naturalness. In: Philosophy East and West. 18, 1968, S. 175–185

–: Confucius and the nature of religious ethics. In: Philosophy East and West 21, 1971 (2), S. 189–194

Lin Yutang: Konfuzius. Frankfurt a. M. 1957

Liu Wu-chi: Confucius. His Life and Times. New York 1955

Roetz, Heiner: Konfuzius. München 1955

Tu Wei-ming: The Creative Tension Between Jen and Li. In: Philosophy East and West 18, 1968 (1/2), S. 29–39

Wilhelm, Richard: Kung-Tse. Leben und Werk. Stuttgart 1925

–: K'ungtse und der Konfuzianismus. Berlin, Leipzig 1928

Zur Wirkungsgeschichte des Konfuzius

Armstrong, Robert C.: Light from the East. Studies in Japanese Confucianism. Toronto 1914

Biallas, Franz Xaver: Konfuzius und sein Kult. Peking, Leipzig 1928

Chan Wing-tsit: Neo-Confucianism. In: Harley F. MacNair (Hg.): China. Berkeley 1946

–: Chinese Philosophy in Mainland China, 1949–1963. In: Philosophy East and West 14, 1964 (1), S. 25–38

–: Religious Trends in Modern China. New York 1969 ([1]1953)

Chang, Carsun: The Development of Neo-Confucian Thought. 2 Bände. New York 1957–62

Fisher, Galen M.: Kumazawa Banzan. His Life and Ideas. In: Transactions of the Asiatic Society of Japan. Second Series 16, 1938, S. 221–258

Glasenapp, Helmut von: Kant und die Religionen des Ostens, Kitzingen a. M. 1954

Hsia, Adrian: Deutsche Denker über China. Frankfurt a. M. 1985

Hu Shih: The Chinese Renaissance. Chicago 1934

–: The Establishment of Confucianism as a State Religion during the Han Dynasty. In: Journal of the North China Branch of the Royal Asiatic Society 60, 1929, S. 20–41

Ishida, Ichiro: Tokugawa Feudal Society and Neo-Confucian Thought. In: Japanese National Commission for UNESCO (Hg.): Philosophical Studies of Japan. Bd. V. Tokyo 1964, S. 1–37

Krieger, Silke, und **Trauzettel, Rolf** (Hg.): Konfuzianismus und die Modernisierung Chinas. Mainz 1990

Levenson, Joseph R.: Confucian China and its Modern Fate. Volume I: The Problem of Intellectual Continuity. Berkeley, Los Angeles 1958

–: Confucian China and its Modern Fate. Volume II: The Problem of

Monarchical Decay. Berkeley, Los Angeles 1964
–: Confucian China and its Modern Fate. Volume III: The Problem of Historical Significance. Berkeley, Los Angeles 1965
Liu, James T. C.: Ou-yang Hsiu. An Eleventh-Century Neo-Confucianist. Stanford 1967
Liu Wu-chi: A Short History of Confucian Philosophy. Harmondsworth, Baltimore 1955
Louie, Kam: Critiques of Confucius in Contemporary China. Hong Kong 1980
Nivison, David S., und **Wright, Arthur F.** (Hg.): Confucianism in Action. Stanford 1959
Opitz, Peter J. (Hg.): Die Söhne des Drachen. Chinas Weg vom Konfuzianismus zum Kommunismus. München 1974
Pannwitz, Rudolf: Die Krisis der europäischen Kultur. Nürnberg 1917 (Neuausgabe 1947)
Schickel, Joachim (Hg.): Konfuzius. Materialien zu einer Jahrhundert-Debatte. Frankfurt a. M. 1976
Shyrock, John K.: The Origin and Development of the State Cult of Confucius. New York 1966 ([1]1932)
Smith, Warren W. Jr.: Confucianism in Modern Japan. A Study of Conservatism in Japanese Intellectual History. Tokyo [2]1973
Staiger, Brunhild: Das Konfuzius-Bild im kommunistischen China. Wiesbaden 1969 (Schriften des Asieninstituts in Hamburg 23)
Tomikura, Mitsuo: Confucianism. In: Ichirō Hori u. a. (Hg.): Japanese Religion. A Survey by the Agency for Cultural Affairs. Tokyo, New York [7]1989 ([1]1972), S. 105–120
Wang Yang-ming: Instructions for Practical Living and other Neo-Confucian Writings. New York 1963
Wolff, Christian: Rede von der Sittenlehre der Chineser. In: Gesammelte kleine philosophische Schriften VI. Halle 1740

Namenregister

Die kursiven Zahlen bezeichnen die Abbildungen

Über den Autor

Der Philosophie- und Kulturhistoriker Volker Zotz, geboren 1956, lehrte ab 1991 an der Universität Wien Geschichte der Philosophie. 1989/90 und 1994–99 war er an den Universitäten Ryukoku und Otani in Kioto (Japan) tätig. Gegenwärtig gehört er einem religionswissenschaftlichen Forschungsinstitut der Rissho-Universität in Tokio an und lehrt an der Universität Luxemburg antike Geistesgeschichte und Philosophie. Buchveröffentlichungen u. a. «André Breton» (1990), «Der Buddha im Reinen Land» (1991), «Geschichte der buddhistischen Philosophie» (1996), «Buddha» (5. Aufl. 1998), «Auf den glückseligen Inseln. Buddhismus in der deutschen Kultur» (2000).

Quellennachweis der Abbildungen

Privatbesitz Volker Zotz: Umschlagvorderseite, Umschlagrückseite, 20 (© Ditta Ahmadi und Peter Palm, Berlin), 134
Archiv für Kunst und Geschichte, Berlin: 3, 117, 127
The British Library, London: 7, 61 (beide 15263.b.10 fol 24)
© Archives Seuil, Paris: 12/13, 23, 29, 34, 69, 98, 102
© The British Museum, London: 15
Museum of Chinese History, Beijing: 16, 54
© Gerhard Bersick, Odenthal-Voiswinkel 18/19
© Eberhard Thiem, Kaufbeuren: 25, 72/73, 81
Sammlung Reinhold Grimm: 28
© Günter Heil, Berlin: 35, 93
© Luc Joubert, Paris: 37
Deutsche Presse-Agentur, Hamburg: 39, 133
The Image Bank, Hamburg: 41
Cultural Relics Publishing House, Beijing: 44, 65
Harvard University Art Museums, Cambridge, Mass.: 47
e. t. archive, London: 51, 83, 126, 139
The Nelson-Atkins Museum of Art, Kansas City, Missouri (Purchase: Nelson Trust): 58/59
Duncan Baird Publishers Archive, London: 71; The Japanese Gallery: 104/105
© Leo Hilber, Fribourg: 76
Robert Harding Picture Library, London: 78
Images Colour Library, London: 85
National Palace Museum, Taipei, Taiwan: 89
Museum für Ostasiatische Kunst, Köln: 90 (Inv. Nr. C 76,1; Foto: Rheinisches Bildarchiv, Köln)
Sam Fogg Rare Books of London: 103
Ullstein Bilderdienst, Berlin: 108
Bridgeman Art Library, London/Gesu, Rom: 109
Bildarchiv Preußischer Kulturbesitz, Berlin; 110, 111
Privatbesitz: 141

Religion und Theologie

rowohlts monographien
Begründet von Kurt Kusenberg, herausgegeben von Wolfgang Müller und Uwe Naumann.

Augustinus
dargestellt von Uwe Neumann
(50617)

Dietrich Bonhoeffer
dargestellt von Eberhard Bethge
(50236)

Buddha
dargestellt von Volker Zotz
(50477)

Johann Amos Comenius
dargestellt von Veit-Jakobus Dieterich
(50466)

Franz von Assisi
dargestellt von Veit-Jakobus Dieterich
(50542)

Jesus
dargestellt von David Flusser
(50632)

Johannes der Evangelist
dargestellt von Johannes Hemleben
(50194)

Martin Luther King
dargestellt von Gerd Presler
(50333)

Martin Luther
dargestellt von Hanns Lilje
(50098)

Maria
dargestellt von Alan Posener
(50621)

rowohlts monographien

Moses
dargestellt von André Neher
(50094)

Thomas Müntzer
dargestellt von Gerhard Wehr
(50188)

Paulus
dargestellt von Claude Tresmontant
(50023)

Rabindranath Tagore
dargestellt von Martin Kämpchen
(50399)

Thomas von Aquin
dargestellt von M.-D. Chenu
(50045)

Weitere Informationen in der **Rowohlt Revue**, kostenlos im Buchhandel, und im **Internet: www.rororo.de**

3749/1